中国社会科学院国有经济研究智库 2020—2021 重点课题
"国有企业在构建新发展格局中的作用研究"资助成果

"国有企业与构建新发展格局"研究丛书

主编 ◎ 黄群慧 刘国跃

国有企业
与畅通经济双循环

The Role of State-owned Enterprises
in Smoothing the Economic Dual-circulation

祁瑞华 付敏杰 林盼 等著

中国社会科学出版社

图书在版编目（CIP）数据

国有企业与畅通经济双循环 / 祁瑞华等著 . —北京：中国社会科学出版社，2022.8

（"国有企业与构建新发展格局"研究丛书）

ISBN 978 - 7 - 5227 - 0076 - 2

Ⅰ.①国… Ⅱ.①祁… Ⅲ.①国有企业—企业发展—研究—中国 Ⅳ.①F279.241

中国版本图书馆 CIP 数据核字（2022）第 062126 号

出 版 人	赵剑英	
责任编辑	王　曦	
责任校对	王　龙	
责任印制	戴　宽	

出　　版	中国社会科学出版社	
社　　址	北京鼓楼西大街甲 158 号	
邮　　编	100720	
网　　址	http://www.csspw.cn	
发 行 部	010 - 84083685	
门 市 部	010 - 84029450	
经　　销	新华书店及其他书店	
印刷装订	北京君升印刷有限公司	
版　　次	2022 年 8 月第 1 版	
印　　次	2022 年 8 月第 1 次印刷	
开　　本	710×1000　1/16	
印　　张	12.25	
插　　页	2	
字　　数	141 千字	
定　　价	76.00 元	

凡购买中国社会科学出版社图书，如有质量问题请与本社营销中心联系调换
电话：010 - 84083683
版权所有　侵权必究

代　序

新发展阶段的国有企业新使命

全面建成小康社会、实现第一个百年奋斗目标之后,我国乘势而上开启了全面建设社会主义现代化国家新征程、向第二个百年奋斗目标进军,这标志着我国进入了一个新发展阶段。进入新发展阶段,需要完整准确全面贯彻新发展理念,加快构建新发展格局。进入新发展阶段、贯彻新发展理念、构建新发展格局,是由我国经济社会发展的理论逻辑、历史逻辑、现实逻辑决定的。进入新发展阶段明确了我国发展的历史方位,贯彻新发展理念明确了我国现代化建设的指导原则,构建新发展格局明确了我国经济现代化的路径选择。

在中华民族从站起来、富起来到强起来的伟大复兴历程中,国有企业作为壮大国家综合实力、推进国家现代化建设和保障人民共同利益的重要力量,在党执政兴国和中国社会主义国家政权的经济基础中起到了支柱作用,为我国经济社会发展、科技进步、国防建设、民生改善做出了历史性贡献,功勋卓著,功不可没。现在,我国进入了从站起来、富起来到强起来历史性跨越的新发展阶段，面对在新发展理念指导下加快构建新发展格局的这个重大现代化战略和路径，国有企业需要明确自己在新发展阶段如何服务构建新发展格局这个新的历史使命。

新中国成立以后，计划经济体制下国有企业承担了社会主义经济建设的绝大部分任务，为中国人民"站起来"做出了巨大贡献，但受体制机制约束，企业活力没有得到有效发挥，这也制约了中国经济整体实力提升；改革开放以来，国有企业通过深化改革逐步成为市场经济主体，一方面为建设社会主义经济体制、探索社会主义与市场经济体制的有机结合发展做出了贡献，另一方面也促进了中国人民"富起来"、中国经济实力的巨大提升和为社会主义发展奠定了雄厚的物质基础。在新发展阶段，社会主义市场经济体制日益成熟，国有企业日益适应市场经济体制，国有企业改革发展已经取得了巨大成就，国有企业具备了为构建新发展格局做出巨大贡献的更为充分的条件。

回顾国有企业改革发展的历史，从传统计划经济体制下向社会主义市场经济体制下转型过程中，国有企业改革历程可以划分为1978年到1992年的"放权让利"时期，1993年到2002年的"制度创新"时期，2003年到2012年的"国资监管"时期，以及2013年到2020年新时代的"分类改革"时期，这四个时期分别对应了不同形势下的改革任务，各自侧重于解决不同层面的困扰改革的主要矛盾和问题，但其主线应该是解决计划经济体制下的国有企业如何适应社会主义市场经济体制要求——国有企业从计划经济体制下的附属逐步改革为社会主义市场经济体制下的市场主体。在社会主义条件下发展市场经济，将社会主义与市场经济体制结合是中国共产党的伟大创造。而不断深化国有企业改革，是建设和完善社会主义市场经济体制的关键。这也就是为什么国有企业改革一直是中国经济体制改革的中心环节的重要原因。回顾改革开放以来国有企业改革发展的历史过程，我们可以认为其改革发展的主导逻辑是如何使国有企业适应市场化的要求，使国有企业成为市场经济体制下的充满活力的市场主体。

应该说，经过改革开放40多年，尤其是新时代以来全面深化改革和2019年开始实施"国有企业改革三年行动方案"，无论是社会主义市场经济体制，还是中国特色现代企业制度和国资监管体制，都在更加成熟和更加定型上取得了明显成效，国有企业与市场经济体制正逐步实现有机融合，基本奠定了社会主义基本经济制度的微观制度基础。从这个意义上，改革开放以来国有企业基于市场化导向的改革发展逻辑已经取得了重大成就。进入新发展阶段，面对加快构建新发展格局的重大使命要求，我们需要思考在继续推进市场化改革、进一步完善体制机制基础上，国有企业改革发展新逻辑。按照党的十九届四中全会精神要求，我国还必须持续推进治理体系和治理能力现代化，到2035年基本实现国家治理体系和治理能力现代化，2050年全面实现国家治理体系和治理能力现代化。这对应到国有企业改革上，要求到2035年中国特色现代企业制度和中国特色现代国资监管体制更加完善，2050年中国特色现代企业制度和中国特色现代国资监管体制更加巩固、优越性充分展现。这需要在评估"国有企业改革三年行动方案"基础上，继续深化改革，按照2035年和2050年的阶段性目标进一步完善中国特色现代企业制度和现代国资监管体制。

在新发展阶段，不仅需要继续深化改革，更需要明确国有企业改革发展的重大使命，我国国有企业需要建立基于使命导向的改革发展逻辑。使命是企业组织存在的理由，使命决定战略，企业组织基于战略进行有效运作，在市场中计划运筹、组织协调各种资源，最终实现自己的使命，这是企业组织运行的基本逻辑。在市场经济条件下，如果仅仅把企业作为一个具有"经济人"特性、追求经济利益最大化的组织，企业就很难做大做强做久。卓越的企业从来不是仅仅把盈利作为自己组织的使命或者目标，盈利只是企业发展的手段，企业必须有为社会进步做出自己贡献的崇高使命。对于中国国有企业而言，更是应该把实现中华民族伟大复兴作为自己组织的根本使命，这是国家出资设立国有企业的最基本要求，也是国有企业存在的理由。在新发展阶段，国家的重大战略是贯彻新发展理念、加快构建新发展格局。因此，国有企业为加快构建新发展格局而贡献力量，成为新发展阶段国有企业的重大使命。在新发展阶段，基于使命导向的国有企业改革发展逻辑，本质上要求国有企业在构建新发展格局中寻求自己的具体定位和发展使命。

第一，国有企业要以促进国家高水平的科技自立自强为使命。构建新发展格局最本质的特征是实现高水平的自立自强，而自立自强的关键在于科技的自主创新。在新发展阶段，创新在我国现代化建设全局中处于核心地位，国有企业聚集了国家最重要的科技创新资源，代表了国家最重要的战略科技力量，必须以促进国家高水平科技自立自强为使命，国有企业尤其是中央企业要将原创技术的策源地作为企业的根本定位。

第二，国有企业要以提升产业链供应链治理能力为使命。从供给侧看，产业基础能力薄弱和产业链供应链现代化水平低是制约我国经济高质量发展的突出短板，提高我国产业基础能力和产业链供应链水平是构建新发展格局的关键着力点。从国际经济循环角度看，中国企业在全球价值链中分工地位还处于中低环节，对全球价值链治理还缺少话语权；从国内经济循环角度看，总体上国有企业尤其是中央企业在产业链供应链中处于中上游地位，对产业链供应链具有一定的控制能力，但这种能力主要是基于资源导向的，还主要不是基于创新导向的。在未来构建新发展格局中，国有企业要成为真正意义上基于创新能力的产业链供应链的"链主"。

第三，国有企业应以促进共同富裕为使命。共同富裕是社会主义的本质要求，是中国式现代化的根本特征。在新发展阶段，国有企业应更加积极地履行社会责任，应积极思考如何更好地完善收入分配体系，健全国有企业内部激励分配机制，合理参与社会收入再分配体系，在正确处理国家、企业和个人之间的分配关系上形成国企样板，为实现共同富裕贡献积极力量，相关国资国企监管机制应充分适应这方面的要求。

第四，国有企业发展应在促进高水平开放中以打造世界一流企业为使命。构建新发展格局，需要形成以国内大循环为主体、国内国际双循环相互促进的新局，这要求实行高水平对外开放，既要持续深化商品、服务、资金、人才等要素流动型开放，又要稳步拓展规则、规制、管理、标准等制度型开放，既要加强国内大循环在双循环中的主导作用，又要重视以国际循环提升国内大循环的效率和水平，塑造我国参与国际合作和竞争新优势。这个高水平对外开放过程又恰是我国国有企业打造世界一流企业所要求的，世界一流企业需要在国际竞争中逐步成长起来。在新发展阶段，国有企业要更好地参与新形势下的国际经贸合作，积极应对区域贸易协定、贸易合作组织对于国有企业的质疑和挑战，在共建"一带一路"、参与CPTPP协定、完成"碳中和"目标等问题上发挥国有企业的应有作用，在国内国际双循环中打造世界一流企业。

第五，国有企业发展应以促进实体经济创新发展为使命。近些年中国经济总体上呈现"脱实向虚"的趋势，一定程度上出现了过快和过早"去工业化"问题，这十分不利于我国经济高质量发展，不利于我国经济安全。一定要坚持把发展经济的着力点放在实体经济上，"十四五"时期要保持制造业比重基本稳定，巩固壮大实体经济根基，是我国构建新发展格局、经济高质量发展的基本政策导向和要求。中央企业是我国实体经济的顶梁柱和制造强国建设的主力军，必须在推进实体经济创新发展上大有作为。

立足新发展阶段，从国有企业的使命与定位来看，国有企业必须以中华民族的伟大复兴为己任，服务于中华民族伟大复兴的战略全局，在社会主义现代化新征程中为构建新发展格局发挥关键作用，成为现代化经济体系的重要市场主体，积极推动和适应经济的高质量发展，围绕"强起来"的使命要求，国有企业应坚持贯彻新发展理念、走高质量发展之路，在高水平自立自强、提升产业链现代化水平、推进共同富裕、畅通经济循环等重大战略中发挥引领和支撑作用。

基于上述认识，中国社会科学院国有经济研究智库2021年立项课题"国有企业在构建新发展格局中的作用研究"，由中国社会科学院经济研究所和国家能源集团合作主持，经过一年的研究，取得了丰硕的成果，本丛书就是这些成果的一个集中体现。因为国有企业在构建新发展格局中的作用是一个全新的重大问题，还需要持续深入研究，本丛书也只是一项初步探索，期望能够抛砖引玉，请大家批评指正。

黄群慧

中国社会科学院经济研究所所长

中国社会科学院国有经济研究智库主任

前　言

国有企业在构建新发展格局中具有不可替代的作用，通过国有企业发挥自身在经济社会发展中的独特功能，能够有效畅通国内大循环，促进国内国外双循环共同发展。这需要我们充分认识到国有企业在经济双循环中的作用机制，找准国有企业进一步完善自身发展的改革方向，在畅通经济双循环中不断做强做优做大国有企业。

我们首先从企业与市场关系入手，聚焦国有企业与现代市场体系之间的关系。建立了国有企业和现代市场体系的基本框架，从国有企业的国家竞争优势转变和国有企业市场认同的演化，分析了中国国有企业的市场表现。通过分析中国建设现代化市场体系来理解新发展格局下现代市场体系的安全性与完整性，得出了国有企业在新发展格局下推动重构国际供应链和孵化国内价值链中的政策取向。进一步分析了国有企业从现代企业制度向中国特色现代企业制度改革中的政策转向问题，得出新时代新发展格局下国有企业的"特殊市场主体"地位及其理论依据。本研究认为，中国国有企业制度改革，正在经历从20世纪后期以现代企业制度下的强调企业盈利能力，向21世纪以中国特色现代企业制度下的强调提升国家竞争能力的转变。中央企业"五力"考核框架的建立，表现出国有企业不能以私人企业的利润率或者企业竞争力作为单一分析和考核指标。新时代建设中国特色现代企业制度的核心，在于以法制化的身份确认国有企业的独特功能，并将其与一般市场主体的私人企业进行以所有制为基础的制度化联结。建立一个"私人企业作为一般市场主体，盈利性为目标、遵循市场规律、体现资源配置效率"，和"国有企业履行国家使命、发展经济事业、在初次分配领域体现社会主义性质"的覆盖完整所有制结构的市场体系，促进中国特色社会主义的特殊性和市场经济的一般原则的衔接。此基础上，分析了国有企业对提升国家竞争力的核心优势所在。以2004—2020年A股上市公司数据分析了国有企业的市场认同问题及其演化：发现尽管国有企业的资产负债率、净资产收益率、现金流比率和营收增速等核心经营性指标已经和非国有企业没有差别，但二级资本市场对国有企业的认知存在体制性偏差，并且没有逐步缩小的趋势。

我们认为，新发展格局的提出，对国有企业的作用提出了更高的要求。当前，国有企业应充分发挥经济社会发展的"稳定器"和"压舱石"作用，坚持不懈深化改革，提升产业链供应链现代化水平，大力推动科技创新，在推动形成以国内大循环为主体、国内国际双循环相互促进的新发展格局的进程中起到带动作用。尤其是在推动新型举国体制"落地"的过程中扮演重要角色。可依托央企或大型国企为主导的创新平台，整合各类资源，吸引民营企业、高等院校、科研机构、国家实验室、用户等广泛参与，形成"央企/国企+"的创新联合体，强化专业化协作和配套能力，集中力量攻关重大课题，增加微观活力，形成突破核心技术的强大体系支撑。国有企业应当坚定实施创新驱动发展战略，聚焦发展重点领域的短板环节，联合行业的上下游、产学研的力量，实现发展动力的根本性变革。积极履行央企科技责任，发挥资金、制度和市场优势，探索与高等院校、科研院所的合作新模式，努力成为原始创新和核心技术的需求提出者、创新组织者、成果应用者。在加快构建新发展格局的过程中，国有企业必须把握契机、抓住机遇，激发内部动力，让新旧动能加快转换，以深化改革为目标激发新活力，全面探索构建适应新发展格局的新机制、新模式、新路径，发挥国内各项资源要素的积极性，按照中共中央、国务院发布的《关于构建更加完善的要素市场化配置体制机制的意见》《关于新时代加快完善社会主义市场经济体制的意见》等要求，落实三年行动方案，进一步深化改革，加快推进实现国有企业的体制机制创新，为国内经济大循环激发市场微观主体活力，实现在新发展格局中激活所有人的潜力，把个体价值聚合成组织智慧，努力厚植高质量发展坚实的组织基础。要坚持两个"一以贯之"，把加强党的领导和完善公司治理统一起来，形成各司其职、各负其责、协调运转、有效制衡的公司治理机制；要进一步建立健全灵活高效的市场化经营机制，完善管理人员选用和退出机制，推行职业经理人制度；建立健全差异化薪酬分配制度，探索推进员工持股等各类中长期激励方式。

改革开放以来，国有企业在我国外向型发展战略时期发挥了重要作用，在构建新发展格局的条件下，我们要尽快把以出口为主要特征的经济全球化，升级为以利用我国庞大内需为主要特征的"主场全球化"战略模式，使我们的内需对全球各个国家开放，使我们的市场变成全球市场，变成虹吸全球先进生产要素的磁场，国有企业将在这一过程中继续发挥不可替代的作用，包括：国有企业要发挥国民经济"顶梁柱""压舱石"作用；国有企业要成为向国际产业链、价值链高端攀升的引领者；国有企业要成为产业创新发展的探索者、组织者；国有企业要打造一批体现国家实力和国际影响力的世界一流企业。我们进一步分析了国有企业在"以内促外"中面临的机遇和挑战，并分析了国有企业提高对外开放水平的具体战略和实践路径。

目 录

第一章 国有企业的战略使命与现代市场体系 …………… 1

 第一节 国民经济循环中的企业与市场体系 ………… 1
 第二节 中国现代市场体系的政策历程和现状 ………… 4
 第三节 新发展格局下现代市场体系的安全性
    与完整性 ……………………………………… 9

第二章 国有企业与国家竞争力 ………………………… 17

 第一节 国有企业效率观点的演变 ………………… 17
 第二节 国有企业不断提升国家竞争力的
    逻辑和事实 …………………………………… 21
 第三节 中国特色现代企业制度下国有
    企业的特殊性 ………………………………… 23
 第四节 新发展格局下重新认识和充分发挥
    国有企业的竞争优势 ………………………… 37

第三章 国有企业的市场认同及其演变 …… 42

第一节　市场认同的分析框架 …… 42

第二节　国有企业和非国有企业的差异 …… 45

第三节　国有企业市场认同的演化：2004—2020 年 …… 51

第四章 国有企业与产业链供应链的现代化 …… 74

第一节　打造产业链供应链的重要性 …… 75

第二节　国有企业助力提升产业链供应链水平 …… 80

第五章 国有企业与新型举国体制的落地平台 …… 84

第一节　从传统举国体制到新型举国体制 …… 85

第二节　打造"央企/国企+"的创新平台 …… 88

第三节　加强人才队伍建设 …… 94

第四节　健全完善激励机制 …… 99

第六章 国有企业在以内促外中的关键角色 …… 103

第一节　新发展格局中以内促外的理论内涵 …… 103

第二节　以内促外在构建新发展格局中的重要意义 …… 106

第三节　国有企业在以内促外中的关键角色 …… 108

第四节　国际经济新形势与国有企业面临的新挑战新机遇 …… 110

第七章　国有企业与"一带一路"建设 …… 116

第一节　国有企业"走出去"战略实施现状 …… 117

第二节　国有企业推动共建"一带一路"高质量发展现状 …… 126

第三节　当前薄弱环节及原因分析 …… 131

第八章　完善国有企业"走出去"战略 …… 137

第一节　明确后疫情时期国有企业"走出去"战略布局 …… 138

第二节　提升国有企业跨境经营水平 …… 141

第三节　提升国有资产监管能力，促进海外利润回归 …… 146

第四节　完善国有企业海外投资运营风险防控体系 …… 147

第五节　提升国有企业海外数字影响力 …… 148

第九章　国有企业推进高水平对外开放的实现途径 …… 152

第一节　推进高水平对外开放的路径选择 …… 153

第二节　构建有效保障措施 …… 157

第三节　关于国有企业高水平对外开放的政策建议 …… 160

参考文献 …… 166

后记 …… 171

第一章

国有企业的战略使命与现代市场体系

我们从企业与市场关系入手，聚焦国有企业与现代市场体系之间的关系。建立了国有企业和现代市场体系的基本框架，从国有企业的国家竞争优势转变和国有企业市场认同的演化，分析了中国国有企业的市场表现。通过分析中国建设现代化市场体系来理解新发展格局下现代市场体系的安全性与完整性，得出了国有企业在新发展格局下推动重构国际供应链和孵化国内价值链中的政策取向。

第一节 国民经济循环中的企业与市场体系

企业、个人和政府是封闭环境中的三大市场主体，市场体系由市场主体和市场主体间关系组成。从市场交换功能看，企业的主要角色是购买生产要素、雇佣劳动力、完成社会生产过程并生产社会最终产品以满足人民需要；家庭（和个人）是劳动、资本等生产要素提供者，也是社会产品的最终需求者，家庭（和个人）购买社会最终产品和提供要素的目标是效用最大化。[①]

从市场体系来看，在产品市场上企业通过利润最大化原则确定产品供给函数，家庭（个人）依据效用最大化原则确立产品（消费品）需求函数，产品供求均衡决定了产品市场的帕累托最优配置和均衡价格。在要素市场上企业依据要素边际生产性贡献确定要素的引致需求函数，家庭（个人）依据效用最大化原则确立要素供给曲线，要素供求均衡决定了要素市场帕累托最优的均衡价格体系和最优配置，产品市场和要素市场连通性和价格传递保证了整个经济体的资源要素最优配置。帕累托最优的实现依靠一系列市场条件，最重要的是价格弹性、企业竞争性、信息和产权制度。

政府的引入首先确立了税收和转移支付。家庭和企业作为市场主体需要缴纳企业所得税和个人所得税、财产税等直接税收，同时这些主体以实物、净现金和其他补贴的形式从政府获得转移支付（转移性支出），以公共服务形式获得政府服务。

---

① 现实中的劳动供给属于家庭决策，但是绝大部分模型将其标准化为要素供给的个体效用最大化决策；有支付能力的个人消费属于个人决策，家庭消费（耐用品、住房等大宗消费品）属于家庭决策，但非劳动力的消费决策一般由家庭完成。本书所说家庭（个人）同时具有以上两层含义。

市场主体为此还要缴纳交易税和其他税收，间接税直接进入价格体系。现代政府转移支付中的主体是教育、科研、医疗、社会保障等社会服务，规模都远远超过了一般公共服务。① 不仅如此，针对市场体系而言，政府还要保护公私部门产权、维护市场运行、规制竞争秩序，制定产业和经济发展规划（图1-1）。

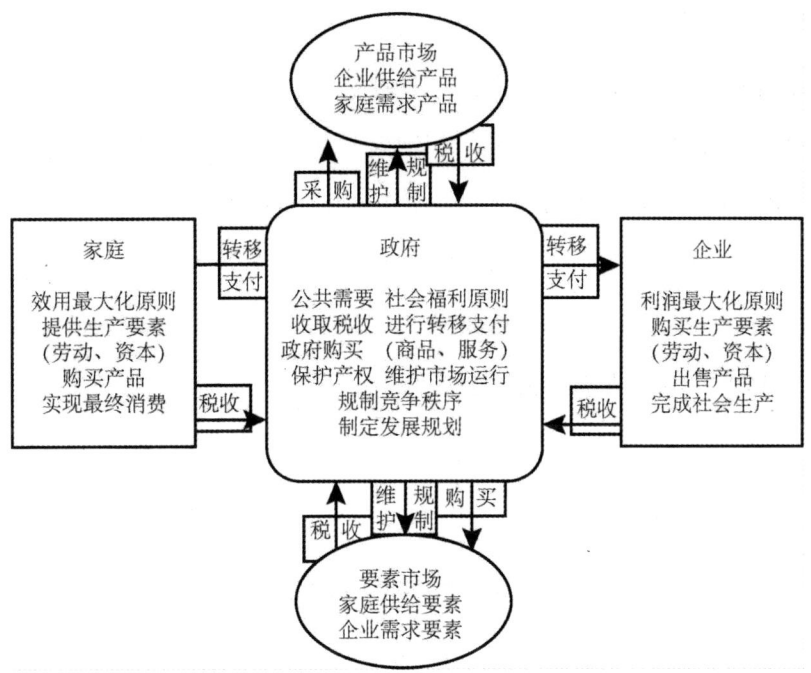

图1-1 企业与市场体系：分析框架

---

① 例如在2021年的中央财政本级一般公共服务支出仅为1470.25亿元。占本级支出35015亿元的4.2%，占一般公共预算支出118885亿元的1.23%。数据参见财政部2021年预算。

在开放经济环境中，家庭和政府需求包含对国外产品和国外要素的派生需求，国外家庭和政府也对本国产品、要素产生对应需求。生产分工的纵向和垂直国际化、全球价值链的形成，通过中间品贸易部门促进了研究的复杂化，但基本原则依然是建立在家庭和企业最优化决策之上。

以企业为中心的市场体系，不仅包含企业的社会最终产品生产者角色，也包含了生产要素需求者角色。企业在政府提供产权保护的基本制度和特定的市场价格体系下，以利润最大化原则进行生产决策。利润最大化保证了以企业为主体的市场资源配置效率。对企业来说，利润最大化行为往往要依靠企业主动定价，而不是被动接受市场价格，这导致市场势力的产生和企业规模的扩大。市场势力的出现是市场竞争的结果，也往往会危害自由竞争和资源配置效率。这为政府带来了规制市场运行和维护市场规则的需要。

第二节　中国现代市场体系的政策历程和现状

供求形成市场，市场是交易的场所。现代市场体系的完善是完善价格机制、发挥市场在资源配置中起决定性作用的重要前提。从中国的改革发展历史来看，从改革开放初期市场机制引入到新时代的现代市场体系建设，构成了中国市场化改革的两条主线之一①。市场体系的划分标准有很多，经济学最常见的是商品市场和要素市场、有形市场和无形市场、现货市场和期货市场，也包括基于产业分类的农产品、工业品和服务三大市场体系；或者基于社会生产过程的资源品、中间品和（最终）消费品。按照地域划分还有国内国际两个市场、境外境内市场等。分别对应不同的分类范围。基于地域划分的市场大多以不同货币计价，例如港交所就是境外国内资本市场，以港币计价。在港币与美元的联系汇率制度下，港币计价间接以美元标价。

从政策过程看，中国的市场经济是在渐进式改革中逐步成长起来的。1984年党的十二届三中全会通过的《中共中央关于经济体制改革的决定》提出我国社会主义经济是"公有制基础上有计划的商品经济"；1992年党的十四大明确提出建立社会主义市场经济体制，明确"要使市场对资源配置起基础性作用"，党的十四届三中全会进一步提出了"建立全国统一开放的市场体系"；2013年党的十八届三中全会提出"让市场在资源配置中起决定性作用和更好发挥政府作用"。2017年党的十九大提出"必须坚持和完善我国社会主义基本经济制度和分配制度，毫不动摇巩固和发展公有制经济，毫不动摇鼓励、支持、引导非公有制经济发展，使市场在资源配置中起决定性作用，更好发挥政府作用"。习近平总书记在2018年1月30日中共中央政治局第三次集体学习时，将"统一开放、竞争有

---

① 张卓元：《中国经济改革的两条主线》，《中国社会科学》2018年第11期。

序"的市场体系作为建设现代化经济体系的重要组成部分,对现代市场体系建设提出了更新更高的要求。考虑到构建新发展格局的核心是统筹发展与安全,要素市场的完整性、安全性也非常重要。2021年中共中央办公厅、国务院办公厅印发的《建设高标准市场体系行动方案》提出"充分发挥市场在资源配置中的决定性作用,更好发挥政府作用……坚持平等准入、公正监管、开放有序、诚信守法,畅通市场循环,疏通政策堵点,打通流通大动脉,推进市场提质增效,通过5年左右的努力,基本建成统一开放、竞争有序、制度完备、治理完善的高标准市场体系"。这些政策至少涵盖了市场体系基础制度(产权保护、市场准入和公平竞争)、要素资源体系(经营性土地,劳动力,资本,知识、技术和数据)、市场环境和质量(商品和服务质量、消费者权益、市场基础设施)、高水平市场开放(服务业市场开放、规则等制度型开放)和市场监管机制(综合协同监管、重点领域监管、自律机制和监管机制、社会监督机制、对监管机构监督、市场安全和稳定)五个方面。[①]

按照市场化改革是中国经济体制改革的中心命题,国内学者从市场化转型的各个角度测度和评估中国市场体系。按照时间顺序梳理的代表性文献有:卢中原和胡鞍钢从投资、价格、生产和商业四个方面(1979—1992年),江晓薇和宋红旭则从企业自主、国内开放、对外开放和宏观调控四个方面(1995年),顾海兵对要素市场化测度选择了劳动力、资金、生产和

[①] http://www.gov.cn/zhengce/2021-01/31/content_5583936.htm.

价格四个方面（1980—1999年），陈宗胜等从经济体制、产业部门、不同区域、全国总体市场化四个方面（1997年）等对不同层次不同范围市场化的测度。李晓西等从政府行为规范化、经济主体自由化、生产要素市场化、贸易环境公平化及金融参数合理化五个方面选取了11个子因素33个指标（2003年、2005年、2008年和2010年），樊纲等从政府与市场关系、非国有经济发展、产品市场发育程度、要素市场发育程度、市场中介组织发育和法律制度环境五个方面选取了21个指标（1990年以后，不断更新），分别测度了中国全国和分省份的市场化程度和市场发展指数。[1] 总体而言，这些研究都发现中国不断深入的市场化改革进程和资本劳动等领域相对滞后的非均衡市场化。樊纲等还发现，2008年四万亿投资滞后，中国分省份的市场化程度指数在很大程度上出现了倒退。

国家发改委宏观院依据党的十九大提出的建设"统一开放、竞争有序的市场体系"要求，从统一性、开放性、竞争性和有序性四维度视角，测度了商品市场体系（8个指标）和资本（7个指标）、劳动力（7个指标）两个要素市场体系的市场化成熟程度，用专家打分作为权重，分别测算了中国1978—

---

[1] 卢中原、胡鞍钢：《市场化改革对我国经济运行的影响》，《经济研究》1993年第12期；江晓薇、宋红旭：《中国市场经济度的探索》，《管理世界》1995年第6期；顾海兵：《中国经济市场化程度的最新估计与预测》，《管理世界》1997年第2期；陈宗胜、吴浙、谢思全：《中国经济体制市场化进程研究》，上海人民出版社1999年版；北京师范大学经济与资源管理研究所（李晓西等）：《中国市场经济发展报告》，北京师范大学出版社2010年版；樊纲、王小鲁、张立文、朱恒鹏：《中国各地区市场化相对进程报告》，《经济研究》2003年第3期；王小鲁、樊纲、胡李鹏：《中国分省份市场化指数报告（2018）》，社会科学文献出版社2019年版。

2019年以来的市场体系成熟度［图1-2（a）］。① 从图1-2（a）中可以看到，尽管四十年来各领域的市场化成熟度不断提高，但资本市场和劳动力市场得分要远远低于商品市场，并且资本市场在2008年后出现了回调。这些结论与樊纲等市场化总指数的趋势和结构［图1-2（b）］基本一致，具有很强的参考意义。

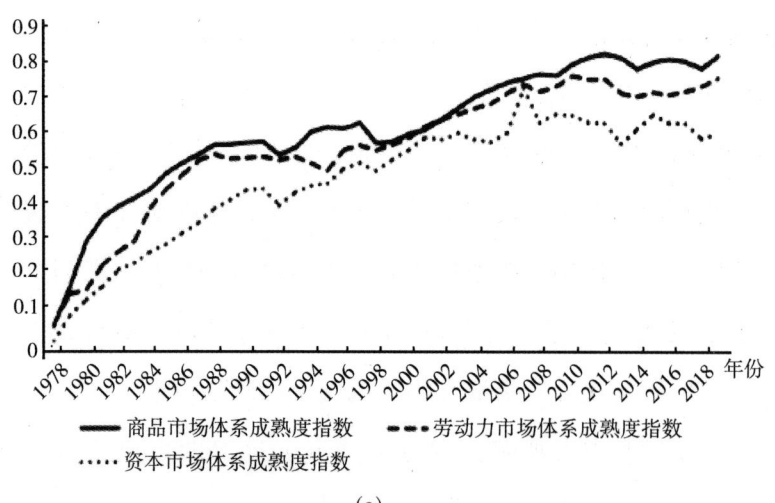

(a)

---

① 指标和1978—1991年权重分布为：（1）商品市场，统一性70%（其中商品市场一体化60%，交通基础设施发展15%，电信基础设施发展15%，社会零售商品总额占GDP比重10%），开放性10%（其中对外贸易依存度70%，FDI占国内投资比重30%），竞争性15%（其中非公有经济工业总产值占全部工业总产值的比重为100%），有序性5%（其中政府支出占GDP比重100%）；（2）劳动力市场，统一性60%（其中劳动力市场一体化70%，交通基础设施发展30%），开放性10%（劳动力参与率100%）、竞争性20%（其中城镇新增就业/全部就业人数比重30%，农村劳动力转移数占全部就业人口比重30%，城镇非公经济单位就业人员平均工资/城镇单位就业人员平均工资40%）、有序性10%（户籍城镇化率100%）；（3）资本市场，统一性70%（其中资本市场一体化70%，股票市值占GDP比重5%，国债发行量占GDP比重25%），开放性10%（其中美国购买中国国债占中国国债发行规模比重100%，B股总市值占国内股市总市值比重0），竞争性10%（其中全社会固定资产投资资金中外资、自筹和其他资金占比100%），有序性10%（财政存款余额占存款余额比重100%）。在1992—2012年、2013—2019年上述权重发生调整。在三大市场基础上，按照商品市场60%、劳动力市场30%、资本市场10%的权重加重市场体系成熟度总指数。

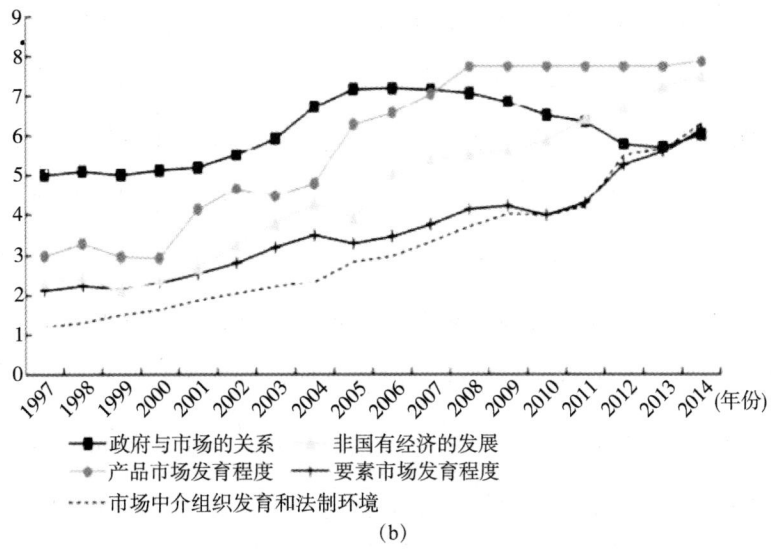

图 1-2 市场化成熟度指数和市场化分指数

资料来源：张晓晶、李成、李育：《扭曲、赶超与可持续增长——对政府与市场关系的重新审视》，《经济研究》2018年第1期；王磊、梁俊：《中国现代市场体系建设进程评价研究》，《经济纵横》2021年第2期。

第三节 新发展格局下现代市场体系的安全性与完整性

值得注意的是，上述市场化指标中都不包含关于安全性和完整性的考虑，这是当前和未来建构新发展格局强调经济和科技"高水平自立自强"的重点内容。"坚持将安全和发展一起谋划、一起部署，将统筹发展和安全贯穿于构建新发展格局全过程和各领域，实现高质量发展和高水平安全的良性互动。"①2020年《中共中央关于制定国民经济和社会发展第十四个五年规划和二〇三五年远景目标的建议》提出："确保国家经济安全。加强经济安全风险预警、防控机制和能力建设，实现重要产业、基础设施、战略资源、重大科技等关键领域安全可控。实施产业竞争力调查和评价工程，增强产业体系抗冲击能力。确保粮食安全，保障能源和战略性矿产资源安全。维护水利、电力、供水、油气、交通、通信、网络、金融等重要基础设施安全，提高水资源集约安全利用水平。维护金融安全，守住不发生系统性风险底线。确保生态安全，加强核安全监管，维护新型领域安全。构建海外利益保护和风险预警防范体系。"2021年《建设高标准市场体系行动方案》提出"完善维护市场安全的体制机制。落实总体国家安全观，高度重视市场运行的风险挑战和市场体系安全问题，密切跟踪国内外重要商品市场、服务市场和要素市场形势变化，完善政策储备并动态更新政策工具箱"，"积极防范市场异常波动和外部冲击风险。加强对大宗商品、资本、技术、数据等重点市场交易的监测预测预警，研究制定重大市场风险冲击应对预案。健全金融风险预防、预警、处置、问责制度体系。提高通过大数据等方式认定竞争违法行为、预警识别市场运行风险的能力，强化市场预期管理"。

---

① 高培勇：《构建新发展格局：在统筹发展和安全中前行》，《经济研究》2021年第3期。

第一章
国有企业的战略使命与现代市场体系

总体来说，学术界对经济安全的关注不够。本部分将市场体系安全解读为供应链安全。供应链安全的微观主体是企业，与市场体系的微观主体一致。2018年以来随着美国特朗普政府发动贸易战、金融战、科技战，严重破坏全球供应链、产业链与创新生态，损害全球资源配置效率与市场稳定，对全球经济增长、世界经济分工以及新工业革命都带来不良后果。[①] 主要经济体竞相采取竞争性或对抗性的产业政策，一定程度上恶化了全球价值链分工所需的国家间政策协调。美中贸易摩擦和大国竞争不断加剧，世界经济在东升西降的经济和政治力量的重新分配中面临"百年未有之大变局"。中美供应链管理战略几乎同时从效率优先转向安全优先。2020年3月13日，美国总统宣布的《紧急状态法案》，提出一切物质保障必须服从美国优先的目标，关键产业链必须全部搬回美国。白宫首席经济顾问拉里·库德洛提议美国政府对美国企业从中国迁回美国的所有支出"100%直接费用化"（包括厂房、设备、知识产权、基建、装修等成本）[②]。2020年新冠肺炎疫情大流行造成的全球经济冲击，加速了世界经济从"以跨国公司为主导的全球价值链效率导向型投资，突然转向以国家供应链安全为目标的国家战略"[③]。

从长期来看，2020年中央经济工作会议提出"增强产业

[①] 黄群慧：《全球供应链、产业链与创新生态不容破坏》，《经济日报》2019年6月10日。

[②] 陈若鸿：《从效率优先到安全优先：美国关键产品全球供应链政策的转变》，《国际论坛》2021年第5期。

[③] 葛琛、葛顺奇、陈江滢：《疫情事件：从跨国公司全球价值链效率转向国家供应链安全》，《国际经济评论》2020年第4期。

链供应链自主可控能力，产业链供应链安全稳定是构建新发展格局的基础"。2021年3月3日美国发布《过渡时期国家安全战略指南》（"Interim National Security Strategic Guidance"）[1]，宣布美国要与"经济理念相似的民主国家"共同保卫关键供应链和技术链的基础设施。2021年6月8日白宫发布《构建弹性供应链、振兴美国制造及促进广泛增长》[2]的报告，公布对半导体、大容量电池、关键矿物与材料、医药四种关键产品供应链的评估结果和拟采取措施。报告提出，美国部分产品供应链非常危险地依赖特定国家或地区，造成了供应链的脆弱性，而其根本原因是以往美国将效率和低成本置于安全、可持续性和弹性之上，未来须建立"安全与弹性优先"的供应链。2021年美国《战略竞争法案》（Strategic Competition Act of 2021）把"帮助美国公司获得稳定可控的全球供应链"列为增强美国未来竞争力的政策首选。[3]

国际标准化组织2007年将供应链安全定义为"对供应链遭受损害或破坏的抵抗力"。灾难性风险、需求风险和供给风险是三种最重要的供应链风险[4]，有文献用供应链风险和中间

---

[1] Interim National Security Strategic Guidance, https://www.whitehouse.gov/wp-content/uploads/2021/03/NSC-1v2.pdf.

[2] Building Resilient Supply Chains, Revitalizing American Manufacturing and Fostering Broad-based Growth, https://www.whitehouse.gov/wp-content/uploads/2021/06/100-day-supply-chain-review-report.pdf.

[3] https://www.foreign.senate.gov/imo/media/doc/DAV21598%20-%20Strategic%20Competition%20Act%20of%202021.pdf.

[4] International Organization for Standardization, ISO 28000: 2007, "Specification for Security Management Systems for the Supply Chain", https://www.iso.org/standard/44641.html; Stephan M. Wagner, Christoph Bode, "An Empirical Investigation into Supply Chain Vulnerability", Journal of Purchasing & Supply Management, Vol. 12, No. 6, 2006, pp. 301–312.

品被减少和切断的可能来表征供应链安全①。美国国防后勤局（DLA）2019年7月发布《供应链安全战略》，宣布美国（国防和军工）供应链安全的目标是：（1）实现商品的高效和安全运输，保障供应链免受不当利用。（2）加强供应链弹性，建立能够承受意外冲击并从中断中迅速恢复的全球供应链系统。2021年1月美国商务部公布《确保信息和通信技术及服务供应链安全》，并在3月继续公布"确保信息和通信技术及服务供应链安全：许可流程"，宣布建立针对信息和通信技术服务交易的事前许可制度②，引发美国各界议论。

按照联合国和世界银行的研究报告，2008年国际金融危机以后全球供应链增长已经进入萎缩和封闭阶段，全球供应链的参与度总体上呈现下降趋势③，标志着新一轮全球化面临调整已经进入时间节点。2008—2017年全球FDI年均增长只有1%，2018年则直接萎缩了13%。2020年疫情冲击导致FDI比2019年下降了三分之一以上，疫情和贸易摩擦推动全球供应链向主要经济体周边"本地化"生产和全球分散化采购，力图扭转2000年以来的全球制造业地理和国家集中趋势。

在国际投资、国际贸易大幅放缓和大国竞争加剧的背景下，实现供应链战略从效率优先转为安全优先就显得非常必

---

① 苏庆义：《全球供应链安全与效率关系分析》，《国际政治科学》2021年第2期。
② 敏感数据包括：美国企业在特定地区运行过程中，运营维护时间超过12个月或者超过100万人的个人可识别信息，个人基因测试结果，其他。
③ 贺俊：《从效率到安全：疫情冲击下的全球供应链调整及应对》，《学习与探索》2020年第5期。

要。政府和政策应当从各个不同层面上主动调整中国产业链的全球布局：（1）在WTO等国际组织层面上，考虑到发达国家依靠BCI（良好棉花组织）类的私人组织来实施产业链规制，驻国际组织机构应当就私人组织规制提出关切，并发起组建"规制规制者"的元规制机构。充分利用国家主权作为现代国际政治基本单元的特征，通过建立元规制罪责、发起元规制监督私人规制，推动现有全球供应链私人规制体系的规范化。[①]（2）企业是供应链的微观运营单元，国家产业链安全需要通过企业供应链来具体实现。市场主体安全是最具基础意义的安全[②]，从供应链的角度看，经济安全首先是企业安全。我们将安全指标引入市场体系测度的直接结果是，很多描述国际化和开放的指标与安全可能是交叉、甚至相背而行的。所以考虑市场体系安全不是把简单的"安全"标准纳入到原有的"统一开放、竞争有序"之中，而是要把安全贯彻到每一个指标的选取，让安全成为高标准市场体系的横向议题而非纵向议题。这就意味着，就新发展格局而言，必须重新考虑原有的市场体系测度体系，而不是在原有体系之外增加体现安全性的指标。

国有企业作为中国大企业和跨国公司的主体，[③] 理应在统筹发展和安全中发挥主导作用。主要政策方向有：（1）充分利

[①] 陈若鸿：《从效率优先到安全优先：美国关键产品全球供应链政策的转变》，《国际论坛》2021年第5期。

[②] 高培勇：《构建新发展格局：在统筹发展和安全中前行》，《经济研究》2021年第3期。

[③] 2021年《财富》500强企业中，中国大陆（含香港）公司数量达到135家，国企95家，占上榜企业的85%。

用和拓展全球价值链，向价值链中高端不断攀升。在常规的全球供应链运行之外，增强政府和中国企业的全球价值链治理角色，推动面向发展中国家的更加公平、可持续的价值分配。发挥制造业规模和国际市场优势，拓展国内企业、行业、中介组织的全球议价、定价能力，努力从现有全球价值链的价格接受者转向价格制定者。从现有国际贸易规则看，企业应密切关注相关行业发展动向，特别是在行业内发起酝酿环境或劳工类标准的行动，积极参与国际相关标准制定过程并发表意见，推动国际标准制定程序的公开公平公正。（2）以行会、中介结构等为主体，推动企业建立以完整性为特征的产业链安全体系，不断增强供应链韧性。充分发挥中国工业部门齐全优势，推动国内工业生产从全门类生产转向全产业链布局，更加注重产业的垂直分布与水平分布相结合。在不放弃效率优势的同时，针对全球供应链的脆弱性，在现有全球供应链格局下探索加固关键节点方式以对抗自然风险和国别风险的方式。（3）国有企业要更多关注市场体系的安全性。与其他新兴市场国家相比，中国在原材料供应、资本品完备、劳动力素质、技术水平、规模经济和产业聚集等方面具有明显优势。[1] 国有企业必须充分利用现有企业规模和合作体系优势，在不放弃充分拓展现有全球产业链的同时，筹备和孵化完整的国内生产链，履行国家经济安全使命。发挥社会主义制度下的政企协作、企企协作优势，推

---

[1] 葛琛、葛顺奇、陈江滢：《疫情事件：从跨国公司全球价值链效率转向国家供应链安全》，《国际经济评论》2020年第4期。

进联合孵化过程。(4) 提前布局全球产业链的分散化、本地化、周边化趋势，建立"中国+产业"的国别、区域布局方案。推动国内制造业从跨国企业 FDI 中获取知识和技术外溢的传统方式，转向通过向发达国家周边主动投资 OFDI 来获取新技术的新方式。不断加强与美国等竞争性国家周边、自由贸易区所属国的外交和经济联系，推行中国式产业发展援助，把国际援助、产业发展、全球产业布局更好地结合起来，为多边主义和多边贸易体系奠定更加稳固的双边关系基础。(5) 政府采购要改变一味追求低成本、低价格的习惯，增加转向专门扶持产业链关键缺口环节的国产化和国产替代。以高质量发展为契机，设立专门的创新采购机制，设立专门的新品采购机制，孵化新产业、新技术、新企业。(6) 深化政府内部、政府与企业联系机制，国家国际发展合作署要加强国际经济管理、服务和研究工作。强化国际发展合作署与国资委的业务联系，为企业国际竞争力提升提供更多的公共品，服务中国企业布局全球。加大对国有企业全球布局的信息支持，建立企业全球投资系统和投资黑名单制度，建立国家全球产业链安全管理体系和供应链安全评估与风险预警长效机制等。

第二章

国有企业与国家竞争力

关于"国有企业不具备经济竞争力"的传统观点正面临新事实和新政策方向的考验。改革开放以来中国从改革国有企业适应市场经济的"削足适履",转向新时代"四个自信""两个毫不动摇"下建构"中国特色现代企业制度"的思路,分析21世纪国有企业在提高国家竞争力上的逻辑、事实和核心竞争优势,包括规模优势和制度优势,技术优势,国家意志优势,社会协作和体制互补优势,等等。

第一节 国有企业效率观点的演变

一 20世纪国有企业改革方向再回顾

认为中国国有企业"效率低、不具备竞争优势"的传统观点,有着深刻的现实和理论基础。从现实来看,中国市场化改革和高速经济增长的首要所有制特征是公有制企业的改革和非公经济的成长。市场化改革起源于计划经济,国有企业是计划经济的微观主体和市场化改革的重要对象。直到20世纪90年代后期，国有企业依然在中国工业部门处于支配性地位，但伴随着整个90年代连续出现的大面积、全行业国有企业亏损，1998年开始国有企业进入"抓大放小"改革。1998—2007年工业部门中80%的国有企业倒闭或者私有化，国有企业产值比重从50%下降到30%[①]。在这样一个市场化改革过程中，经济增长伴随着国有企业的被改革——大面积亏损、企业破产倒闭、职工下岗。毫无疑问，国有企业在这个时期本身是中国市场经济的"竞争劣势"，而大规模国有企业私有化改制让民营经济得到了实实在在的好处，促进了宏观配置效率的不断提升，国有企业以"牺牲自我"的方式促进了国民经济增长[②]。这个时期的国有企业表现至今仍然主导学术界并被"身份化"了，成为大多数研究者对国有企业的基本判断：例如关于"双重效率损失"的表述：生产效率损失和创新效率损失，自身效率损失和对宏观改革拖累造成的增长损失[③]。

从政策走向看，20世纪国有企业改革的政策取向，是以产权制度和经营机制改革来适应市场经济方向，改革的方法论特

---

① Hsieh Chang-Tai, and Song Zheng, "Grasp the Large, Let Go of the Small", *Brookings Papers in Economic Activity*, Spring 2015.

② 刘瑞明（2011）采用1985—2008年的省级数据研究发现，国有比重的下降显著地促进了地区经济增长。Hsieh and Song（2015）发现，"抓大放小"改革解释了1998—2007中国经济增长的21%。参见刘瑞明《所有制结构、增长差异与地区差距：历史因素影响了增长轨迹吗？》，《经济研究》2011年第2期；Hsieh Chang-Tai, and Song Zheng, "Grasp the Large, Let Go of the Small", *Brookings Papers in Economic Activity*, Spring 2015.

③ 刘瑞明、石磊：《国有企业的双重效率损失与经济增长》，《经济研究》2010第1期；吴延兵：《国有企业的双重效率损失研究》，《经济研究》2012年第3期。

征是在建立现代企业制度的方针下,推进国有企业制度向一般性市场主体转型。从市场经济的一般特征看,国有企业固有的社会主义性质,决定了其在一般性市场经济体制中只能是一种"制度怪胎"。除非"消失",国有企业在制度上注定永远无法成为作为分析参照系的标准民营企业,因此产权改革的归宿是不堪重负的各级财政放弃了大部分中小国有企业的控制权。从发达国家的历史经验和企业制度理论看,市场经济中的标准企业、代表性企业就应该是民营企业。"产权明晰、权责明确、管理科学",再加上"政企分开",本身就是对发达国家代表性私人企业制度的形象概括。在这个阶段,如果按照市场经济的一般规律改造中国经济体制和市场体系,那么潜在含义就是应按照西方国家企业制度改革中国的国有企业,因为其有更高的资源配置水平、更高的经营效率,员工有更高的收入。按照这样的改革标准和改革方向推进,国有企业逐步具备一般市场主体地位。

二 21世纪的国有企业发展和中国特色现代企业制度的提出

国有企业效率的真正改善和竞争力提升发生在2002年中国加入WTO之后[1]。2002年以后新一轮国内经济周期的复苏和改革的持续推进,特别是随着中国加入世界贸易组织,中国企业拥有了更大的国际市场。国有企业的盈利状况开始明显改善并高于私人企业,2004年开始国有企业的相对全要素生产率系统性高于非国有企业。2007—2014年国有企业的全要素生产率

---

[1] 钱学锋、王备:《中国企业的国际竞争力:历史演进与未来的政策选择》,《北京工商大学学报》(社会科学版)2020年第4期。

一度达到非国有企业的 1.5 倍，随后开始下降但依然高于非国有企业。我们研究发现，2004—2020 年上市企业中国有企业与民营企业的税前利润率和资本回报率（ROE）基本持平。国企研究的文献很明显对这一段关注不足，或者选择了忽视①。

国有企业改革和发展呈现出不同的阶段性特征。在 2018 年以来的试图重新定义中美关系和大国竞争关系的"跨太平洋伙伴关系协定"（Trans-Pacific Partnership Agreement，TPP），以及 TPP 在美国退出后的新版本"全面与进步跨太平洋伙伴关系协定"（Comprehensive and Progressive Agreement for Trans-Pacific Partnership，CPTPP）中，国有企业问题都是作为横向议题（Horizontal and Cross-cutting Issues），几乎与所有领域交叉。占据了很大篇幅的国有企业显著性条款，几乎都是为中国量身定制的，包括符合中国改革方向的"竞争中性"原则②。很明显，从大国竞争和打压中国的外部视角看，美国不认为中国的国有企业低效率，而是认为国有企业具备了美国企业和一般市场部门难以获得的超常竞争优势。

从政策上看，随着党中央"两个毫不动摇""混合所有制

---

① Dic Lo (2020) State-Owned Enterprises in Chinese Economic Transformation: Institutional Functionality and Credibility in Alternative Perspectives, *Journal of Economic Issues*, 54: 3, pp. 813–837.

② CPTPP 关于国有企业的主要条款集中在第 17 章《国有企业和指定垄断》（State-Owned Enterprises and Designated Monopolies），其中的国有企业条款主要针对中国，对中国市场体制形成了较大挑战，发达国家态度比较一致。国有企业条款旨在限制和削弱发展中国家国有企业的竞争力、维护发达国家企业竞争优势。主要内容包括：取消对国有企业的税收优惠、补贴、优先交易以及非商业支持等；取消国有企业特惠融资措施、撤销政府采购等优惠偏好、提高财务信息透明度等。关于 CPTPP 与 TPP 的主要差别和对中国经济的总体影响，参见白洁、苏庆义《CPTPP 的规则、影响及中国对策：基于和 TPP 对比的分析》，《国际经济评论》2019 年第 1 期。

改革""制度自信""两个一以贯之"等新方向，特别是"中国特色现代企业制度"概念的提出，国有企业制度改革目标已经不宜再采用发达国家"一般市场主体"的制度研究框架。随着企业党组织和中国特色现代企业制度建设的全面展开，国有企业制度已经成为"四个自信"的重要载体。总体上，这个时期国有企业自身经营业绩的不断改善（而不是国有企业被改革），对经济增长起到了直接推动作用。

第二节　国有企业不断提升国家竞争力的逻辑和事实

从市场化改革初期大面积连年亏损、不具备市场竞争力的"被改革对象"，到新时期承担国家使命、对高水平社会主义市场经济体制和高质量发展发挥"战略支撑作用"，国有企业已经成为中国国家竞争力提升和生产率进步的重要来源。与前面关于国有企业创新力部分对国企经济竞争力的分析不同，本部分关注的主要不是国有企业自身的竞争力，而是国有企业对波特传统国家竞争力的塑造。[1]

---

[1] 许多文献强调了国有企业对经济增长的特殊贡献。例如刘元春强调了国有企业经济活动的外部效应及其对增长促进的宏观经济效益；叶静怡等强调国有企业从事了比私人企业更多的基础性研究，从而促进了知识外溢。参见刘元春《国有企业宏观效率论———理论及其验证》，《中国社会科学》2001年第5期；叶静怡、林佳、张鹏飞、曹思未《中国国有企业的独特作用：基于知识溢出的视角》，《经济研究》2019年第6期。

一　国有企业是中国大企业和世界大企业体系中的重要力量

从世界历史和国际对比来看，发达国家经济发展史就是头部企业的成长史。美国和西欧经济和政治的强大，离不开苹果、福特、波音、微软、空客、大众等大公司的成长。2021年《财富》500强企业中，中国大陆（含香港）公司数量达到135家，连续第二年超过美国（122家），其中，国有企业95家，占上榜企业的85%，前10名中有8家是中央企业。中国大型企业的数量，已经远远超过了所有发展中国家上榜企业的总和，是发展中世界的"企业明星"和推动中国实现第二个百年目标的有效经济力量。

二　国有企业是中国工业化的重要成果和新时期坚守实体经济的支撑力量

各国发展经验表明，工业化的核心是企业规模扩张和大企业的成长，中国大企业就是中国工业化的代表性成果和世界工业企业的最新典范。随着近年来中国进入经济社会转型阶段，城市化伴随的土地资本化和虚拟经济发展，带动整个国民经济脱实向虚的趋势不断显现。在开启社会主义现代化新征程之际，如何专注发展实体经济，不但需要宏观政策安排，更需要微观主体执行。在调研中我们发现，大量国有企业、特别是中央企业在加大技术引领和技术探索，打造世界一流企业，是中国实体经济可持续发展的主导力量。

三　国有企业是天然的社会责任主体和规制对象

国有企业并不为自身盈利而存在，其长期利益与国家利益一致。国有企业天然接受政府规制，中国国有企业更体现党对市场主体和市场发展的引领，接受党政监管和监督，在政府和法律许可、授权范围内进行经济活动，只具备有限的营利性，很难被允许像私营企业那样为了短期盈利铤而走险。这使得国有企业更加集中于市场长期利益，会自动成为产业、环境、能源政策的执行者，与经济社会长期发展目标保持一致。后面对国有企业总资产回报率、净资产回报率的数据分析，也证明了国有企业对经济稳定作出的巨大贡献。

四 国有企业塑造了党领导下的学习型企业文化

中央企业随着技术水平和高技术人员占比的不断提升，党建引领下的学习型企业文化已经成为普遍现象。在调研中我们发现这一点在光伏、风能等新能源领域尤其明显。新能源基本属于新产业、新事物，还处在探索发展的阶段，企业年龄较轻，企业职工普遍年轻，具有高学历、高技术等特点。大量积极探索改进改善新能源经营模式和提高管理绩效的年轻技术人才，在提高企业经济效益中建立了充满活力的学习型企业文化。

第三节 中国特色现代企业制度下国有企业的特殊性

一 "盈利悖论"与国有企业的经营发展

研究所有制对资源配置效率影响的文献，特别是研究"中央企业在世界财富500强中相对经济表现"的观点普遍认为，国有企业利润率相对较低,"大而不强"。实际数据确实支持这个结论,例如在2019年世界500强企业中,中央企业利润率和净资产收益率分别为2.3%和6.1%,远低于美国非金融企业的8.0%和23.8%;2021年《财富》500强中国大陆(含香港)公司销售收益率约为5.4%;净资产收益率约为8.7%,低于美国企业的6.5%和11.8%。"中央企业盈利能力有待提高"的结论和政策建议似乎呼之欲出。

仔细一想,却不是那么简单。从2021年《财富》500强上榜的中国企业看,国家电网营收以3866亿美元排名第一,中国工商银行以452亿美元利润排名第一,是非金融央企和金融企业的典型代表[①]。从业务来看,国家电网仅仅依靠提高售电价格或者压低上网价格就可以实现利润增长,很明显这并不是大多数研究者、公众或者消费者所期望的。中国工商银行更是如此,利润的主体是存贷款利差,也可以用简单粗暴的方式提高利润率,但确实也不是大众所期望的。2020年疫情期间,国家宣布银行业让利1.5万亿元[②],很明显是有意压制银行业高利润。这至少说明在某种意义上银行业的"强"不应该简单表现为利润率,这与私人企业和经济学教材中的"标准企业"形成了鲜明对比。再如铁路总公司,2020年出现亏损555亿元,也可以通过提高运费、票价来实现利润,但现实中又很难

[①] 刘元春:《国有企业宏观效率论——理论及其验证》,《中国社会科学》2001年第5期。

[②] 中国银行业协会正式发布的《2020年中国银行业社会责任报告》宣布,2020年末银行业支持3000余万户经营主体,金融系统实现向实体经济让利1.5万亿元目标。https://www.china-cba.net/Index/show/catid/14/id/39830.html。

做到。①

这就引出了国有企业的"盈利悖论"问题。从数据上看，国有企业利润率偏低，大而不强，应该提高盈利能力；对照主营业务一分析，又觉得不应该提高国企利润率，很多政策措施甚至在有意压制国企利润率。归根结底，是因为与私人企业追求利润最大化的天然属性不同，国有企业从设立之始就不是为了赚钱或者盈利，而是为了特定领域的国家经济事业发展。这个设立的"初心"，对新设立的国有企业尤其明确。这使得我们很难像判断一个民营企业一样，直接从盈利能力来直接判断一个国有企业经营的好与坏，而是必须结合、依靠更多其他指标。如果把发达国家经济发展中的私人企业，或者是中国的私人企业性质视为市场经济的一般市场主体，我们可以把国有企业就定义为"特殊市场主体"。

二 从现代企业制度到中国特色现代企业制度

如果我们把现代企业制度看作是 20 世纪国有企业改革的目标，那么回顾改革开放以来的国有企业改革，整个 20 世纪国有企业改革的基本方向就是在现代企业制度指引下，强化国有企业的一般市场主体特性。现代企业制度的改革方向，强调国有企业应该具备一般性的私人企业特征，特别是具备盈利能力和市场竞争力。但 21 世纪以来，特别是党的十八大以后国

---

① 实际上，铁路总公司 2025 年和 2035 年的奋斗目标有"铁路网规模和质量达到世界领先""铁路技术装备和创新能力达到世界领先""铁路运输安全和经营管理水平达到世界领先""铁路企业体制机制改革创新水平进一步提升""铁路在综合交通运输体系中的地位和作用进一步提升"和"铁路对国家的贡献进一步提升"，没有对利润率及其增速的明确要求。

有企业改革的基本方向，其实是在现代企业制度一般市场主体的基础上，强调国有企业的"特殊市场主体"地位，即国有企业必须具备不同于私营企业的特殊性。如此看来，中国的国有企业改革与发展，正在经历一个从20世纪后半期追求国有企业作为市场主体的"一般性"特征，到21世纪追求国有企业自身"特殊性"的过程，从而会对现有的制度和理论提出新需求、新挑战。

  20世纪国有企业改革的最终方向是建立现代企业制度，现实目标是改善国有企业的盈利能力。现代企业制度所强调的"产权清晰、权责明确、政企分开、管理科学"，是基于现代市场经济的一般企业特征，特别是所有权和经营权"两权分离"。现代企业制度既是对发达国家典型企业产权和经营权特征的概括，也是对现代私营企业基本制度特征的描述。这就意味着，现代企业制度其实是在用一般市场主体和私人企业的标准形式去评估国有企业。20世纪国有企业改革的历程，就是对国有企业"一般市场主体"特征的认识不断加深的过程。1978—1991年，国企改革的目标是增强国有企业适应市场能力、提高经济活力[①]。1981年《关于实行工业生产经济责任制若干问题的意见》提出，国有企业要"改善经济效益"；1984年党的十二届三中全会《中共中央关于经济体制改革的决定》提出"增强企业活力是经济体制改革的中心环节"，结合时代背景来看，企业活力强调"企业要盈利、不能亏损"；1992年党的

---

① 黄群慧等：《增强中央企业创新力问题研究》，课题组研究报告。

十四大确立了社会主义市场经济体制改革方向，提出建立社会主义市场经济体制的中心环节是转换国有企业特别是大中型企业的经营机制，"把企业推向市场，增强它们的活力，提高它们的素质"。"通过理顺产权关系，实行政企分开，落实企业自主权，使企业真正成为自主经营、自负盈亏、自我发展、自我约束的法人实体和市场竞争的主体"。1993年党的十四届三中全会《中共中央关于建立社会主义市场经济体制若干问题的决定》明确提出把"产权清晰、权责明确、政企分开、管理科学"的现代企业制度作为国有企业的改革方向。

在国有企业转换经营机制上，现代企业制度集中于解决如何确保经营者目标与所有者目标一致。这里所说所有者目标的潜在含义是，无论对于国有企业还是私人企业，企业目标都是一致的，都是追求企业利润。委托代理制度改革和治理机制建构的核心问题，是基于利润最大化的激励相容问题。考虑到企业利润最大化并不意味着经营者效用最大化，从理论上存在经营者有动机利用手中拥有的权力侵犯所有者利益的可能性[1]。

要求转换经营机制、释放企业活力和建立现代企业制度的现实情况是国有企业利润的连年下滑，特别是20世纪90年代国有企业大面积、全行业亏损。1978年国有企业的净资产利润率为22.86%，到1994年分税制改革时国有独立核算企业的利润率已经下降到5%左右，同时亏损面快速扩大、财政补贴

---

[1] 林毅夫、蔡昉、李周：《现代企业制度的内涵与国有企业改革方向》，《经济研究》1997年第3期。

不断加剧。国有独立核算工业企业的亏损率（亏损总额除以利润总额）从1980—1985年的5%，增加到1991—1992年的90%，1994年后超过100%[①]。1998年第一季度出现了全国性的亏损[②]。这就意味着国有企业要想存在，就必须具备在市场经济中的基本生存能力，或者具备"自生能力"[③]。强调国有企业一般市场地位改革方向和盈利能力的思路，推动了关于国有企业效率的研究。在大面积持续亏损面前，作为一般性市场主体以利润率来衡量，则国有企业低效率的情形显而易见，而且还会拖累整体市场化改革进程、宏观效率和经济增长。

新时代的"中国特色现代企业制度"，特别是中国特色现代国有企业制度，则是在国有企业市场化改革和公司制改革的基础上，着重强调国有企业的"特殊市场主体"属性。这一方面延续20世纪末国有企业"抓大放小"和"国退民进"改革后经营范围的战略性调整，特别是竞争性领域的大量退出和非营利性目标的持续增加。另一方面也是改革方向的重新界定，党的十五大提出了国有经济的主导作用主要表现为"控制力"[④]，党的十五届四中全会《中共中央关于国有企业改革和发展若干重大问题的决定》提出提高国有经济的"控制力、影

[①] 张文魁、袁东明：《中国经济改革30年：国有企业卷》，重庆大学出版社2008年版，第89—90页。

[②] 周天勇、夏徐迁：《我国国有企业改革与发展30年》，载邹东涛主编《中国改革开放30年：1978—2008》，社会科学文献出版社2008年版。

[③] 在竞争性市场经济体制中，一个正常经营的企业在没有外部扶持的条件下，如果能够获得不低于社会可接受的正常利润水平，这个企业就具备自生能力。林毅夫、刘培林：《自生能力和国企改革》，《经济研究》2001年第9期。

[④] 张卓元：《中国经济改革的两条主线》，《中国社会科学》2018年第11期。

响力和带动力",党的十七大报告提出"优化国有经济布局和结构,增强国有经济活力、控制力、影响力",党的十八大报告重申"推动国有资本更多投向关系国家安全和国民经济命脉的重要行业和关键领域",增强国有企业"经济活力、控制力、影响力"。2015年《中共中央国务院关于深化国有企业改革的指导意见》强调,要把国有企业做强做优做大,不断增强国有经济"活力、控制力、影响力、抗风险能力",党的十九届四中全会提出增强国有经济"竞争力、创新力、控制力、影响力、抗风险能力,做强做优做大国有资本"。2020年9月《国企改革三年行动方案(2020—2022年)》再次明确,国有企业改革的目标是"增强国有经济竞争力、创新力、控制力、影响力、抗风险能力"。

从中国特色现代企业制度的产生历程可以看出两个特点:第一是政策定义从"国有企业"到"国有经济"和"国有资本"的范围拓展和制度深化,第二从国有企业"活力"到其他目标的延伸,特别是从"活力"到新时代"五力"目标的深化。"五力"中的经济竞争力更加接近于国企改革初期的"活力",但国有经济竞争力远远超出了国有企业竞争力和盈利能力的范畴,这表明国有企业制度改革的第一目标依然包括国有企业盈利能力。但其他四"力"——"创新力、控制力、影响力、抗风险能力",与竞争力组成了一个较为完整的国有经济层面的国家竞争优势"钻石"体系,也突出了国有企业与私人企业追求个体利润的不同之处。特别是"两个一以贯之"改革方向——"坚持党对国有企业的领导是重大政治原则,必须一以贯之；建立现代企业制度是国有企业改革的方向，也必须一以贯之"——的提出，前者强调了国有企业不同于私人企业的特殊性，后者强调了国有企业的市场主体属性。

从现代企业制度到中国特色现代企业制度的改革目标转化，具有三重含义。第一是改革方向转变。不再强调用私人企业的标准来衡量国有企业，而是必须用国有企业标准来衡量国有企业，避免因削足适履而丧失了国有企业的本质。第二是改革阶段相继。强调用国有企业的标准衡量国有企业，因为国有企业的公司制、产权制度和现代企业制度改革已经基本完成，中国的市场经济体制已经建立起来，市场已经在主导资源配置。第三是改革思路转变。现代企业制度改革下的"一般市场主体"，对应的是转型思路，改革方向是市场化，目标是让国有企业与私人企业展开市场竞争，强调国有企业的微观属性和经济组织属性；中国特色现代企业制度下对应的是发展思路，改革目标是强调国有企业应当具备不同于私人企业的本质性特征，特别是国有企业的社会主义特征，强调国家视角和中国特色。

三 国有企业市场主体的特征和法制化建构

发达市场经济国家各种有效的现代企业制度，都是一般性与特殊性的统一体[①]。新时代中国国有企业市场地位的显著特征，可以概括为如下四个方面：

---

① 林毅夫、蔡昉、李周：《现代企业制度的内涵与国有企业改革方向》，《经济研究》1997年第3期。

第二章
国有企业与国家竞争力

1. 有限营利性。与私人企业追求最大利润，或者在马克思主义政治经济学话语体系下"无止境追求剩余价值"不同，国有企业不以利润最大化为设立目标，甚至不以赚钱为最终目标。这是国有企业与私人企业的本质区别。国有企业过去追求盈利，必然导致其宏观管理困难，主营业务偏离、违背甚至完全背离其背后国家发展战略，因为企业天生向往更赚钱的业务。新时代的国有企业不能像私人企业一样试图追求"一夜暴富"，"什么赚钱干什么"，必须坚持国有资本布局优化和产业结构调整。再三出台的央企"退房令"就充分说明了这一点。国有企业必须聚焦主业，整体经营范围必须处在国家政策和主管部门严格的特定"负面清单"和"白名单"管制之下，必须服从国家大局和政治管理，让干什么干什么，"法无授权不可为"[①]。相对而言，民营企业实行一般意义上的"负面清单"和"黑名单"管理方式，凡是法律和政府没有明令禁止的业务，都可以按照企业对前景、趋势和盈利的判断自由进出。不让干什么不干什么，"法无禁止皆可为"。限制国有企业经营范围的结果，是私人企业理性拥有比国有企业更广泛的经营性范围。就市场竞争和市场配置资源的决定性作用来说，所有国有企业可以进入的领域，都不应该存在私营企业进入的司法、政

---

① 中央企业退出房地产行业的规定从2010年开始，近期又有强调。《关于中央企业加强参股管理有关事项的通知》（国资发改革规〔2019〕126号）规定"严把主业投资方向。严格执行国有资产投资监督管理有关规定，坚持聚焦主业，严控非主业投资。不得为规避主业监管要求，通过参股等方式开展中央企业投资项目负面清单规定的商业性房地产等禁止类业务"。国资委《中央企业投资项目负面清单（2017年版）》规定了"不符合国家产业政策的投资项目"等十类禁止性项目。这十类项目并不禁止私人企业进入。

策或者其他制度性壁垒①。在中国特色现代企业制度下，所有者和经营者的利益不一致产生的"委托代理"问题，可以通过企业党组织建设和党组织最终利益的一致性来加以解决。党内的最终利益一致性，把所有者和经营者之间的系统性、制度性利益对立问题，转化为个别经营者的腐败、失责等问题，再通过国有企业巡视制度、监督制度加以解决②。

2. 经济事业发展性。国有企业的设立，自始至终都是为了实现特定领域的经济事业发展。在计划经济时期，这种发展功能通过特定扭曲宏观环境下的企业设立及其指定经营范围、发展速度和国家定价机制来实现。新时代则表现为在市场经济环境下，与私人企业追求利润的天然属性不同，国有企业在制度上不以追求利润为最终目标。这就要求国有企业必须具备一定的"牺牲精神"——为了国家发展目标、抵抗国际风险、稳定国内价格或者宏观经济稳定等种种国有企业自身之外的目标。在经济领域要求国有企业对产业发展和消费者产生正外部性。一个极端案例是，只要国有企业所培育的技术和人力资本可以促进该领域事业成功，即使某个特定国有企业最终破产，也不能视为完全失败③。

---

① 在非营利性目标下，利润率就不能成为考核企业经营绩效的充分信息指标。参见 Lin Yi fu, Cai Fang, and Li Zhou. Competition, Policy Burdens, and State-owned Enterprise Reform, *American Economic Review*, 88, 1998, pp. 422 - 327; Lin Yifu, and Tan Guofu. Policy burdens, Accountability and Soft Budget Constraint, *American Economic Review*, 89, 1999, pp. 426 - 431。

② 黄群慧：《管理腐败新特征与国有企业改革新阶段》，《中国工业经济》2006年第11期。

③ 林毅夫、蔡昉、李周：《现代企业制度的内涵与国有企业改革方向》，《经济研究》1997年第3期。

与一般市场主体的利润目标相比,新时代的国有企业不以利润最大化为最终目标,但是必须遵守市场规则。比企业营利性更重要的是市场规则和竞争性市场的发育。做到遵守市场规则是很难的,因为现实中国有企业在国内市场很难找到有效的竞争者。因为国有企业进入的特定行业,或者是因为资本规模因素,或者新技术、新领域的高度不确定性,或者是因为营利性不足,在发展中国家往往还没有作为一般性市场主体的私人企业竞争者出现。经济越发展,企业往往异质性越强,市场竞争的高度同质化环境很难满足,连企业文化都有可能决定投资成败,很难体现出充分竞争市场对规范企业行为、体现企业竞争力的作用。在调研中我们发现,在风力发电、太阳能发电等新行业,因为投资变现周期长、利润率长期低于8%,民营企业基本不愿意进入,很难形成不同所有制企业之间的有效竞争,只能通过国有企业之间的竞争来弥补。

3. 国家使命和国家竞争性。国有企业经营和发展究竟是要增强自身竞争能力还是国家竞争能力,是一个悬而未决的理论问题。国家竞争力以企业竞争力为基础,不能脱离开企业竞争力、国有企业竞争力而单独存在,因此企业竞争力和国家竞争力很大程度上可以并行不悖。但作为国家使命的承担者和实践者,国有企业增强自身能力的前提是不能损害国家竞争能力和国家利益,不能损害市场部门和私人企业的盈利能力,不能拖累市场部门的发展和宏观经济改革。

林毅夫等将国家战略对企业经营的影响称为计划经济时期

传统发展战略遗留的"政策性负担"①。这个解释适用于分析国有企业的一般市场主体特征，主要分析指标是国有企业自身的盈利能力，不适合用来分析新时代新设立承担国家战略和国家使命的国有企业。与计划经济时期国有企业的国家战略和国家使命相比，新时代国有企业国家使命的典型特征是：新时代国有企业国家使命的承担必须以市场经济作为基本载体，以价格作为外部资源配置的基本手段，以不妨碍"市场在资源配置中起决定性作用"为前提。虽然国有企业本身不一定必须具备完整"自生能力"，但不能因为亏损而过度损害市场效率。建立在市场价格体系基础上的新时代中国特色现代国有企业制度，有助于政策制定者评估国有企业国家使命和国家战略的微观成本，明白哪些可为哪些不可为，可为到什么程度。完成国家使命的最终标准也是以市场经济为基础的国家竞争力，涵盖了国家发展、人民满意和消费者满意。

4. 法定性和有限性。新时代国有企业的"特殊市场主体"地位，同时意味着国有企业的法定性和有限性。所谓法定性是指，国有企业立法必须不断推进，包括国有企业特殊市场主体身份、经营范围、企业制度等，都需要通过立法加以限制、规范和保护，保证国有企业在法律授权的范围内有正常经营权和

---

① 国有企业负担的政策性任务包括为职工住房、医疗服务、子弟学校、幼儿园和其他属于集体福利设施的投资提供补贴等。参见林毅夫、李志赟《政策性负担、道德风险与预算软约束》，《经济研究》2004年第2期；林毅夫、刘明兴、章奇《政策性负担与企业的预算软约束：来自中国的实证研究》，《管理世界》2004年第8期；廖冠民、沈红波《国有企业的政策性负担：动因、后果及治理》，《中国工业经济》2014年第6期。

与私人经营平等竞争权。新公司法草案设置了专门的第六章"国家出资公司的特别规定",并强调"国家出资公司中中国共产党的组织,按照中国共产党章程的规定发挥领导作用,研究讨论公司重大经营管理事项,支持股东会、董事会、监事会、高级管理人员依法行使职权"。这实现了在一半市场主体领域的特殊性安排,目前来看还是远远不够的。所谓有限性,是指在白名单管理制度和法定授权制度下,国有企业作为特殊市场主体,相比作为一般市场主体的私人企业,在企业数量、企业范围等经营指标上始终应该是有限的,是"特殊"而不是"一般",不存在无限扩张趋势和无限扩张空间。从有限性意义上讲,如果不考虑新设立环节,中央和地方国有企业改革的主要方向是现有国有企业集中和数量减少。

四 国有企业市场主体地位的时代性

我们一再强调,中国特色现代企业制度下国有企业的特殊市场主体地位,即中国特色现代国有企业制度的建构是有条件和历史基础的,这表现出"特殊市场主体"概念的发展时代性特征和改革阶段性特征。最重要的历史渊源是贯穿整个20世纪后半期的、覆盖全部国有企业的现代企业制度改革及其对国有企业适应市场能力和盈利能力的大幅度改善,这使得国有企业基本具备了"一般市场主体"特征,这个过程在21世纪初中国加入世界贸易组织和20世纪20年代国有企业公司化改革后已经基本完成。国有企业的公司化和市场配置资源能力的不断强化,包括新时代市场在资源配置中的决定性作用及其实现,是我们研究中国特色现代(国有)企业制度的基础。而新时代国有企业"特殊市场主体"地位和制度的强化，以同时代私人企业、外国企业作为"一般市场主体"为比较对象。国有企业必须在强调市场规则的基础上，通过国有经济竞争力、创新力、控制力、影响力、抗风险能力的"五力"框架，不断增强"百年未有之大变局"时代的国家竞争力，统筹发展与安全。相对于分散的"五力"分析来说，国家竞争优势概念为统合企业"五力"提供了的逻辑框架和理论基础，建立了从微观企业成长到宏观经济发展的一致性分析视角。

关于外部规则与竞争中性。企业的"大"并不是"原罪"，发达国家都有大企业。关键是企业必须遵守市场竞争规则，在法定范围内体现"竞争中性"原则。特别是国有企业的设立和经营，应当坚持国家战略导向，坚持在竞争中适度利他、适度牺牲，以不超过私人企业盈利能力、不损害私人企业利益为原则，以法定的适当私人企业利益损害申诉机制和赔偿机制为补充。我们关于国有企业"特殊市场地位"的分析，以中国特色社会主义市场经济为载体。在中国经济高质量发展、建设高水平开放型经济新体制、推进制度性开放和建设高水平市场体系的过程中，面临国内国外市场体系、市场制度的衔接问题。在全世界逐步从自由贸易转向对等贸易和对等开放的趋势下，无论对双边环境还是多边环境，都不应放弃国有企业的"特殊市场主体"属性，将其转为以盈利为目标的"一般市场主体"。在新时代新发展格局下的改革开放和对外经济交往过程中，第一，应该坚持主权至上原则，因为贸易伙伴和经济伙伴的基本经济制度没必要强求一致，也做不到完全一致。第二，是要促进规则和制度的建设性参与，发出自己的理性声音。利用好中国的超大规模市场优势，以中国市场的规则性和制度性准入为条件，以经济实力和国家能力为依托推进双边和多边谈判，不能被动接受发达国家既有规则的"陈规俗套"，放弃中国的基本经济制度优势。第三是通过完善国有企业"特殊市场主体"的一整套制度和法律规定，在中国适应发达国家市场体制和规则的同时，也促进发达国家市场体制逐步适应中国基本经济制度，促进双边协定的平等、对等开放。第四要通过"开放办国企"、研究和发布"世界国有经济发展报告"、举办"世界国有经济发展论坛"等，在新发展格局和新一轮全球化中不断增强国际贸易、国际投资和企业制度的话语权、定价权。加大和国际同行合作力度，加快关键性生产要素全球布局。积极启动国有重点企业、中央企业与国外国有企业、欧美大财团的交叉持股试点，启动中央企业全球市场招标采购制度，合理确定招标范围，推进国有企业的双边和多边化市场进入。

第四节 新发展格局下重新认识和充分发挥国有企业的竞争优势

通过与发展中国家企业发展的对比，国有企业的核心竞争优势体现为四个方面。

一　规模优势

对任何市场经济来说，企业"做大"和"做强"至少同样重要。在市场竞争中，"强"才可以"大"，不"强"就会被淘汰。以芝加哥学派为代表的产业经济理论认为，企业"大"本身就是有效率和技术"强"的表现："强"是企业可以"大"的前提，"大"是"强"的结果。在生存偏差下，"大"的企业没有不"强"的，不"强"就会破产倒闭。但"强"和"大"很难兼得。一方面是受到资本报酬递减规律的影响，企业规模成长往往会伴随着利润率的反方向变化，利润增长而利润率下降。另一方面是因为企业规模变大导致内部竞争弱化和官僚化，产生"X"无效率，甚至出现寻租行为，影响政府公共政策制定。

中国企业的"大"，很大程度上体现在中央企业上。2021年《财富》500强企业中，中国企业的主体是国有企业，这表明国有企业和国有制是中国企业成长的重要制度优势。纵观《财富》500强企业的国别分布，中国之外属于发展中国家的只有印度7家、巴西6家、俄罗斯4家、墨西哥2家，印度尼西亚、泰国、土耳其、马来西亚各1家，合计23家，总和与中国上榜民企数量接近。同时这些发展中国家上榜企业很多是能源资源企业，具有不同程度的"国企"特征。实际上西方世界经过几百年发展，历经从殖民时代到后殖民时代的积累，大企业几乎都垄断了各行各业的制高点，形成了基于历史沉淀的累积优势。发展中国家单靠市场自生发展和正常的私人企业成长根本不可能与之竞争，必须借助国家制度优势。中国国有企业和中国特色现代企业制度就成为中国制度优势的微观表现。

二 技术优势

从市场生存法则来看,"强"企业在做"大"的过程中,为了防止变差变弱,必须不断提高自身技术水平。经济增长理论强调了技术进步对长期经济增长的决定性作用。技术进步是抑制资本报酬递减规律侵蚀企业利润率的常规来源。国有企业竞争力的提升,很大程度上体现为20世纪90年代大量劳动密集型国有企业的破产和国有企业总体上从劳动密集型转向技术密集型的市场选择结果。数据显示,2017年中国工业国有企业的资本份额约为42%,就业份额为12%,劳均资本水平是非国有企业的5倍以上,是推动中国21世纪的资本深化进程和重化工业发展的主体。

国有企业技术优势的重要体现,是国企职工学历和技能水平的不断提升。从各国劳动力市场的发展经验来看,高学历人才普遍追求职业稳定和职业空间。因为高学历导致人力资本投资期限拉长,留存下来的往往是风险厌恶者。美国的博士就业也大多选择稳定的大企业和大机构,例如各国高校、华尔街、政府或者互联网巨头。中国国有企业天然的体制稳定优势,为高学历人才实现技术特长奠定了良好的平台和施展才能的舞台,也将为创新和可持续发展提供重要支撑。

三 国家意志优势

国有企业姓"国"。与民营企业的营利性导向不同,国有企业从设立之初就体现了明确的国家意志和国家使命。在面向中华民族伟大复兴和现代化强国建设目标稳步推进的过程中,以国有企业为主体的国家经济力量必将成为新阶段践行新发展理念、塑造新发展格局，推动中国特色现代企业制度建设、产业转型升级和经济高质量发展的主导力量。还能通过经济合作这种对特定技术和环境的要求，提高国内技术标准和合作民企的发展质量。

值得注意的是，自特朗普政府以来，美国不断加大对美国大企业的政治驯化，甚至要求美企撤出中国市场。作为资本主义国家，美国政府与企业间的驯化过程难以脱离政治游说和寻租，从而让国家利益最终体现资本利益。中国"以人民为中心的发展"则要求规制资本、避免民营资本侵蚀政治。国有企业是中国特色社会主义微观基础的重要实现形式和主要经济形式。随着全球化新阶段大国竞争导致的国家边界凸显，国家意志优势对于发展目标的实现会越来越重要。

社会协作和体制互补优势。企业规模变大促进了企业内部协作机制的产生，国有企业党组建设和沟通，有效促进了国有企业间协作和社会信任水平的不断提升。当今世界正面临"百年未有之大变局"，国内产业、技术升级换代不断加快，产业技术发展方向趋于多元，全球价值链不断遭受各国政治冲击，地区和大国摩擦加剧，严重干扰市场价格信号在全局内长期有效配置资源的能力。党组织和国有企业内部的协作优势，借助国有企业信息化管理水平的不断提高，可以通过市场先行指标未雨绸缪，缓解市场信号多变对产业和国民经济发展带来的不利影响。

国有企业技术密集型发展路径的推进，既有严格编制控制的因素，也得益于"企业办社会"的逐步剥离。在调研中我们发现，国有企业集中主业、发展技术的进程，与私人企业展开深度劳务合作是相互促进、相辅相成的。随着社会服务职能的逐步剥离，国有企业推动本地就业的功能不断加强，成为当地就业增长和经济发展的重要来源。从整体上看，国有企业集中于技术进步，民营企业增加社会就业的功能性分工格局正在不断成型，也为中国就业与增长的宏观政策分工提供了新的分析视角。

第三章
国有企业的市场认同及其演变

本章聚焦于上市国有企业在资本市场的相对表现。国有企业的市场表现包括两部分，第一部分是以财务指标为主体的客观表现，第二部分是以市值和市场价格特征为主体的二级市场表现，分析的核心是资本市场对待不同所有制的市场认同。我们主要衡量国有企业性质是否产生了实质性的不同表现，包括不同的客观表现和不同的市场认同，这些结果是否随时间而产生了实质性的动态变化。为了结果稳健，我们还剔除了部分极端样本进行重新分析，但结果有很大变化。为了与所有制这样一个政治议题相对应，我们采用了政治学色彩较为浓厚的"市场认同"概念。

第一节 市场认同的分析框架

国有企业是中国最重要的市场主体。《中华人民共和国宪法》第一条规定"中华人民共和国是工人阶级领导的、以工农联盟为基础的人民民主专政的社会主义国家。社会主义制度是中华人民共和国的根本制度";第六条规定"中华人民共和国的社会主义经济制度的基础是生产资料的社会主义公有制"。国有企业是社会主义公有制的现实形式和主体形式。从实际情况和数据来看,国有企业比其他类型企业规模更大,是中国市场的"大"主体。国有企业的市场表现和市场认同,对于中国市场建设现代化经济体系、高水平市场体系和让市场在资源配置中起决定性作用至关重要。

一 客观指标

本部分数据来自国泰安数据库和Wind数据库,数据期限为2004—2020年(Wind数据库的股权性质从2004年开始标注),对象包括全部沪深A股企业。数据中不包含已退市的上市公司,不包含上市前数据。我们首先以是否国有控股SOE为指标,划分了国有企业和非国有企业(国有控股企业取值为1,否则为0)。在此基础上,对企业客观指标的度量以年报财务指标为主,分别是公司规模Size(年底企业总资产数的对数)和资产负债率Lev(年末总负债除以年末总资产)。根据国有企业改革与发展文献,特别是"抓大放小"导致的企业规模偏差,我们预期国有企业比非国有企业在资产规模上占优,但具有比非国有企业更高的资产负债率。采用总资产净利润率ROA(净利润/总资产平均余额)和净资产收益率ROE(净利润/股东权益平均余额)来衡量企业的经营绩效,还采用了总资产周转率ATO(营业收入/平均资产总额)和现金流比率Cashflow(经营活动产生的现金流量净额除以总资产)来衡量资产质量。在1998年大规模"国退民进"改革后，国有企业聚焦的特定行业往往具有重资产特征，特别是分布在国民经济上游行业，从而可能导致国有企业的资产质量较差，周转率和现金流比率系统性低于非国有企业。除此之外，还分析了营业收入增长率 Growth（本年营业收入/上一年营业收入 – 1）。

二　主观和客观对应指标

在主观指标和客观指标区分与对应上，本文首先采用了账面市值比 BM，用账面资产价值/个股总市值来衡量。账面市值比 BM 是一个公司的会计价值与市场价值的比值。公司实际价值由通用会计准则下的企业经营状况来决定，市场价值就是二级资本市场对于公司市值和发展前景重新评估。市场交易者一般利用账面市值比指标来判断特定公司价值是否被低估或者高估，分析师一般利用该指标来判断该公司是否具有投资价值、升级或者降级。我们利用该指标的统计数据，依据统计显著性来判断国有企业市场认同的状况及其变化。我们采用了国泰安数据中的账面市值比（资产总计/年个股总市值），年个股总市值 = 年个股的总股数 × 收盘价，收盘价用年末最后一个交易日的收盘价来结算。指标还采用了基于纯市场交易的托宾 Q 值 TobinQ 来表示。变量说明见表 3 – 1。

表 3 – 1　　　　　　　　**本部分的变量说明**

变量	符号	变量定义
公司规模	Size	年底企业总资产的对数
资产负债率	Lev	年末总负债除以年末总资产
总资产净利润率	ROA	净利润/总资产平均余额

续表

变量	符号	变量定义
净资产收益率	ROE	净利润/股东权益平均余额
总资产周转率	ATO	营业收入/平均资产总额
现金流比率	Cashflow	经营活动产生的现金流量净额除以总资产
营业收入增长率	Growth	本年营业收入/上一年营业收入-1
账面市值比	BM	账面价值/总市值
托宾Q值	TobinQ	(流通股市值+非流通股股份数×每股净资产+负债账面值)/总资产
是否国有企业	SOE	国有控股企业取值为1,其他为0

资料来源:国泰安和Wind数据库。

第二节 国有企业和非国有企业的差异

我们首先对2014—2020年的综合样本数据进行统计分析。2004年,中国正式加入世界贸易组织满三周年,国内市场环境已经基本完善,竞争性市场体制基本建立,国内外产品市场、要素市场的连通性、联动性不断增强,中间品进出口贸易快速增长。作为市场主体的国有企业,也在建立现代企业制度的过程中基本具备了市场适应能力和盈利能力。通过国泰安和Wind两个数据库的样本匹配,最终确定2014—2020年合计样本为4万多个(见表3-2)。其中国有企业样本数约1.6万个左右,占比约40%,非国有企业样本2.4万个左右,占比约60%。数据和比例按不同指标略有差别:公司规模Size、资产负债率Lev和总资产净利润率ROA、净资产收益率ROE和总资产周转率ATO五个指标的样本最多,总数为40696个,其中国有企业 16463 个，非国有企业 24233 个；营业收入增长率 Growth 的样本最少，总数为 38180 个。营业收入增长率样本减少的主要原因，是年度增速指标计算导致的部分企业基准年 2014 年全部数据不可用，从 2015 年才有营业收入增长率的数据，样本损失率约为 6.2%。各个指标下的样本分布见表 3-2。

表 3-2　　　国有企业与非国有企业分组统计：全样本

变量	SOE	样本数	平均值	标准偏差	标准误差平均值	变异系数
Size	1	16463	22.5186	1.6835	0.0131	0.0748
	0	24233	21.6659	1.2620	0.0081	0.0582
Lev	1	16463	0.5331	0.2957	0.0023	0.5547
	0	24233	0.5013	5.9881	0.0385	11.9451
ROA	1	16463	0.0306	0.0974	0.0008	3.1830
	0	24234	0.0426	0.2429	0.0016	5.7019
ROE	1	16302	0.0403	0.7805	0.0061	19.3672
	0	23901	0.0442	1.3463	0.0087	30.4593
ATO	1	16463	0.6954	0.6084	0.0047	0.8749
	0	24234	0.6410	0.5492	0.0035	0.8568
Cashflow	1	16463	0.0487	0.5343	0.0042	10.9713
	0	24233	0.0426	0.1153	0.0007	2.7066
Growth	1	16104	8.7423	1060.7439	8.3588	121.3346
	0	22076	1.6264	105.8847	0.7126	65.1037
BM	1	16458	1.9304	9.5878	0.0747	4.9667
	0	24226	0.8249	1.3042	0.0084	1.5810
TobinQ	1	16171	1.7653	1.6787	0.0132	0.9509
	0	23605	2.5351	17.4089	0.1133	6.8671

资料来源：同表 3-1。

我们对上述样本、分指标采用平均值等同性的 t 检验和莱文方差等同性检验（见表 3-3）来判断国有企业和非国有企业是否存在系统性差别和系统性趋势差别。从均值检验结果看，2004—2020年，国有企业与非国有企业在企业规模、总资产净利润、总资产周转率、账面市值比、托宾Q值五个指标上存在总体性差异，但是在资产负债率、净资产收益率、现金流比率、营业收入增长率四个指标上总体没有显著差别。具体情况如下。

一 国有企业和非国有企业的差异部分

1. 企业规模（Size）差异。总体而言，国有企业规模大于非国有企业，这是市场化改革初期市场选择和国有企业"抓大放小"政策选择的双重结果。2004—2020年国有企业的平均规模的对数值为22.5186，显著高于非国有企业的对数值21.6659。这意味着国有企业的平均规模是非国有企业的近2.5倍（非国有企业规模是国有企业的42%），更大的标准差和变异系数意味着国有企业内部存在比非国有企业更强的个体差距。考虑到资本边际报酬递减规律，两倍以上的资产规模意味着国有企业的资产利润率等盈利能力指标可能会系统性低于非国有企业。

2. 总资产净利润率（ROA）差异。用净利润计算的2004—2020年的国有企业总资产利润率均值为3.06%，系统性低于非国有企业的均值4.26%。但是非国有企业总资产利润率ROA显示出远远超过国有企业的个体异质性（标准差和变异系数）。按照前面对国有企业"特殊市场主体"地位的分析，可以给国有企业总资产利润率低于非国有企业提供至少三个解释：第一是资产规模较大引起的资本边际报酬递减，这是市场规则的作用；第二是所有制因素导致的低效率，国有企业由于固有的产权制度和劳动力制度缺陷会导致经营低效率；第三是作为特殊市场主体的国有企业只具备有限营利性，利润率低在一定程度上符合国有企业的制度定位。考虑到国有企业的税负水平长期高于非国有企业，出现较低的总资产利润率也在意料之中。这些内容需要后面的数据动态分析作为补充和解答。

3. 总资产周转率（ATO）差异。数据显示，2004—2020年上市国有企业总资产周转率均值为0.6954，显著高于非国有企业的均值0.6410约8.5%，且二者变异程度接近。这个结果可能会出乎很多研究者意料，因为其意味着A股上市国有企业的资产质量普遍显著优于非国有企业，国有企业的经营性指标要优于非国有企业。这部分来自于国有企业积极适应市场环境和市场制度的结果，也可能来自于所在行业差别。需要进一步的细分行业分析。

4. 账面市值比（BM）差异。2004—2020年非国有企业的账面市值比均值仅为0.8249，而国有企业为均值1.9304。非国有企业的账面价值比不到国有企业的一半（42.73%），变异系数也不到国有企业的1/3。考虑到账面市值比计算公式是账面价值/总市值，是主观指标和客观指标的比值，其中账面价值反映了通用会计准则下的国有企业资产净价值，而市值是二级市场对国有企业价值的主观认同。从国有和非国有企业如此巨大的账面市值比差异可以看出，二级市场对国有企业的认同总体而言比非国有企业差很多：同等程度的资产价值，国有企业只能在二级资本市场兑换不到非国有企业资产价值的一半。如此巨大的差距，可能是因为国有企业往往流通股比重低、流通性较差，也可能是因为私人企业有更好的市值管理措施，通过做大市值能够获得抵押现金流，但国有企业基本不需要通过抵押获得现金的渠道。

5. 托宾Q值（TobinQ）差异。国有企业和非国有企业市场认同的差别，也集中反映在不同的托宾Q值上。2004—2020年国有企业的托宾Q值均值为1.7653，非国有企业为2.5351。同时非国有企业的变异系数是国有企业的约7倍。从国际比较来看，这两个比值整体都远高于发达国家。国有企业的托宾Q值比非国有企业低近30%，意味着二级资本市场对国有企业的价值认知存在系统性偏差。

二 国有企业和非国有企业无显著差异部分

1. 资产负债率（Lev）。2004—2020年的国有企业资产负债率均值（杠杆率均值）与非国有企业没有系统性差别。国有企业的资产负债率均值为53.31%，非国有企业的资产负债率为50.13%，二者之间并没有显著差别。与非国有企业存在的巨大贷款差异相比，国有企业的资产负债率更加平均，标准差和变异系数更小（标准差不到非国有企业的1/30，变异系数是非国有企业的1/20）。这个结果挑战了很多已有的发现。长期以来关于国有企业贷款优惠的研究，和近年来供给侧结构性改革中关于去杠杆和僵尸企业的很多研究，都认为国有企业扩张是以高杠杆为特征，但是表3-2和表3-3的结果并不支持这个结论，说明这可能只是一个阶段性现象。国有企业的杠杆率与非国有企业接近，也意味着国有企业的平均债务水平大致是非国有企业的2.5倍，与资产规模倍数基本同比例。

2. 净资产收益率（ROE）。国有企业和非国有企业的净资产收益率（净利润/股东权益平均余额）没有显著性差别。2004—2020年间国有企业的净资产收益率ROE均值为4.03%，非国有企业ROE均值为4.42%。国有企业和非国有企业ROE均值略有差异，但不构成系统性差别，标准差和变异系数也非常接近。考虑到国有企业的总资产收益率ROA显著低于非国有企业，但净资产收益率ROE基本没有差别，意味着在资产和负债都2.5倍于非国有企业的情况下，国有企业的债务规模和债务经营对企业业绩至关重要。但国有企业和非国有企业的资产负债率并没有显著差别，也意味着国有企业的巨额负债并没有影响经营业绩，对应着某种金融制度优势。

3. 现金流比率（Cashflow）。国有企业和非国有企业的现金流比率（经营活动产生的现金流量净额除以总资产）的均值没有显著性差别。2004—2020年国有企业的现金流比率均值为4.87%，非国有企业的现金流比率均值为4.26%。从数值看，国有企业现金流比率略高于非国有企业15%，考虑到国有企业的总资产规模在非国有企业2.5倍左右，则国有企业的现金流持有量可能远远高于非国有企业，现金流非常充裕。我们还没有看到解释国有企业大量现金持有的文献，估计这一点会和国有企业的平台型经营机制和缴纳税金有关，也可能是出于应对负债水平的需要。

4. 营业收入增长率（Growth）。国有企业和非国有企业的年度营业收入增长率均值在总体上差别不够显著（p=4.9%）。报告期间国有企业营业收入增长率为8.74%，非国有企业为1.63%，虽然国有企业显示出更强的收入增速均值，但分布也更加离散，个别极端值对均值扰动很大。国有企业营收增速的标准差是非国有企业的10倍，变异系数是非国有企业的4倍（见表3-3、表3-4），显示出过强的内部异质性，也对应着国有企业在主营业务收入上的巨大差异。

第三节　国有企业市场认同的演化：2004—2020年

我们分年度统计了上述9个主要指标的情况，并分析国有企业和非国有企业差距的持续性及其动态随时间演化的基本规律（见表3-4、表3-5），也借此观察第二部分主要指标数据结果的稳健性。

一　国有企业和非国有企业差异性指标的不同趋势

1. 企业规模（Size）差异的演化趋势。从2004年到2020年间，国有企业和非国有企业都取得了快速成长，但国有企业的总资产规模一直是非国有企业的2倍以上，没有收敛的趋势。这意味着国有企业的规模优势长期存在，是国有企业的核心优势之一（见图3-1）。这也意味着国有企业必须面对资本边际报酬递减规律的长期挑战。

表3-3 国有和非国有企业的样本独立性检验

变量		莱文方差等同性检验		平均值等同性 t 检验						
		F	显著性	t	自由度	Sig(双尾)	平均值差值	标准误差值	差值95%置信区间 下限	差值95%置信区间 上限
Size	假定等方差	1259.728	0.000	58.334	40694	0.000	0.8527	0.0146	0.8241	0.8814
	不假定等方差			55.289	28598.510	0.000	0.8527	0.0154	0.8225	0.8830
Lev	假定等方差	6.602	0.010	0.682	40694	0.495	0.0318	0.0467	−0.0597	0.1234
	不假定等方差			0.826	24405.841	0.409	0.0318	0.0385	−0.0437	0.1074
ROA	假定等方差	98.029	0.000	−6.014	40695	0.000	−0.0120	0.0020	−0.0159	−0.0081
	不假定等方差			−6.911	34231.144	0.000	−0.0120	0.0017	−0.0154	−0.0086
ROE	假定等方差	0.659	0.417	−0.339	40201	0.735	−0.0040	0.0117	−0.0269	0.0189
	不假定等方差			−0.373	39275.442	0.709	−0.0040	0.0106	−0.0248	0.0169
ATO	假定等方差	262.875	0.000	9.390	40695	0.000	0.0544	0.0058	0.0431	0.0658
	不假定等方差			9.209	32883.306	0.000	0.0544	0.0059	0.0428	0.0660
Cashflow	假定等方差	1.055	0.304	1.715	40694	0.086	0.0061	0.0035	−0.0009	0.0130
	不假定等方差			1.439	17508.718	0.150	0.0061	0.0042	−0.0022	0.0144
Growth	假定等方差	3.885	0.049	0.990	38178	0.322	7.1159	7.1878	−6.9723	21.2041
	不假定等方差			0.848	16337.318	0.396	7.1159	8.3891	−9.3277	23.5595
BM	假定等方差	298.677	0.000	17.707	40682	0.000	1.1055	0.0624	0.9831	1.2279
	不假定等方差			14.700	16871.495	0.000	1.1055	0.0752	0.9581	1.2529
TobinQ	假定等方差	28.158	0.000	−5.606	39774	0.000	−0.7699	0.1373	−1.0391	−0.5007
	不假定等方差			−6.749	24242.607	0.000	−0.7699	0.1141	−0.9935	−0.5463

资料来源：作者测算。

表3-4　2004—2020年独立样本T检验结果汇总

国有企业与非国有企业指标是否存在差异性

年份	Size	Lev	ROA	ROE	ATO	Cashflow	Growth	BM	TobinQ
2004—2020	YES	NO	YES	NO	YES	NO	NO	YES	YES
2004	YES	YES	NO	NO	YES	YES	NO	NO	YES
2005	YES	YES	YES	NO	YES	YES	NO	NO	YES
2006	YES	NO	YES	NO	YES	NO	NO	YES	NO
2007	YES	NO	NO	NO	YES	YES	NO	NO	YES
2008	YES	NO	YES	YES	NO	NO	NO	YES	YES
2009	YES	NO	YES	NO	YES	YES	NO	YES	NO
2010	YES	YES	YES	NO	YES	NO	NO	YES	YES
2011	YES	YES	YES	YES	YES	NO	NO	YES	NO
2012	YES	YES	YES	YES	NO	NO	YES	YES	YES
2013	YES	YES	YES	YES	NO	NO	YES	YES	YES
2014	YES	YES	NO	NO	NO	NO	NO	YES	YES
2015	YES	YES	YES	YES	NO	NO	NO	YES	YES
2016	YES	YES	YES	NO	NO	NO	NO	YES	YES
2017	YES	YES	NO	NO	NO	NO	NO	YES	YES
2018	YES	YES	NO	NO	NO	NO	NO	YES	YES
2019	YES	NO	NO	NO	NO	YES	NO	YES	YES
2020	YES	NO	NO	NO	NO	YES	NO	YES	YES

资料来源：作者测算。

表3-5 国有企业与非国有企业各指标均值的演化:2004—2020年

年份	Size 国有	Size 非国有	Lev 国有	Lev 非国有	ROA 国有	ROA 非国有	ROE 国有	ROE 非国有	ATO 国有	ATO 非国有	Cashflow 国有	Cashflow 非国有	Growth 国有	Growth 非国有	BM 国有	BM 非国有	TobinQ 国有	TobinQ 非国有
2004—2020	22.5186	21.6659	0.5331	0.5013	0.0306	0.0426	0.0403	0.0442	0.6954	0.641	0.0487	0.0426	8.7423	1.6264	1.9304	0.8249	1.7653	2.5351
2004	21.3460	20.8824	0.5063	0.6031	0.0237	0.0122	0.0112	0.0203	0.7264	0.6287	0.0515	0.0402	0.5773	1.5301	1.3299	1.2830	1.1985	1.3166
2005	21.4099	20.8673	0.5380	0.7772	0.0154	-0.0268	-0.0227	-0.1830	0.7484	0.6038	0.0569	0.0413	0.2126	0.1320	1.7999	1.6759	1.1283	1.3033
2006	21.5501	20.8730	0.5526	2.4637	0.0276	0.0053	-0.0797	-0.0151	0.7830	0.6766	0.0332	0.0492	0.2278	8.6315	1.3274	1.1067	1.3371	5.1484
2007	21.8387	20.9568	0.5391	0.9601	0.0462	0.0817	0.0878	0.1735	0.8130	0.7307	0.0564	0.0390	0.6824	0.7004	0.6541	0.4498	2.1836	2.7799
2008	21.9304	20.9741	0.5563	1.0091	0.0261	0.0373	0.0457	0.0690	0.7762	0.7430	0.1222	0.047	0.2126	6.6678	1.8884	1.1096	1.3271	1.8133
2009	22.0911	21.1064	0.5551	0.7041	0.0282	0.0508	0.0291	0.0705	0.7170	0.6720	0.0651	0.0642	0.3192	1.4174	1.0291	0.5020	2.2699	3.3827
2010	22.2747	21.2018	0.5408	0.4987	0.0472	0.0568	0.1099	0.1109	0.7813	0.7149	0.0442	0.0312	0.3940	1.1813	1.3177	0.5027	2.3022	4.4808
2011	22.4264	21.3088	0.5502	0.4089	0.0396	0.0805	0.0665	0.0867	0.8059	0.7073	0.0318	0.0110	0.4240	15.7734	1.9505	0.8160	1.6788	2.0759
2012	22.5451	21.3836	0.5498	0.3956	0.0325	0.0547	0.0660	0.0767	0.7540	0.6494	0.0415	0.0370	141.0808	0.2801	2.1048	0.8907	1.6624	1.8890
2013	22.6720	21.5308	0.5461	0.3847	0.0319	0.0567	0.0435	0.0713	0.7219	0.6465	0.0304	0.0287	0.1473	0.5576	2.4080	0.8752	1.7029	2.4108
2014	22.8109	21.6516	0.5412	0.4309	0.0332	0.0380	0.0094	0.0673	0.6696	0.6415	0.0373	0.0391	0.0938	0.2408	1.6748	0.6650	1.9878	2.6053
2015	22.9466	21.7648	0.5324	0.3821	0.0198	0.0456	0.0204	0.0618	0.6018	0.6071	0.0447	0.0442	0.2553	1.6811	1.6042	0.4364	2.5445	4.3131
2016	23.0628	21.9105	0.5202	0.3710	0.0288	0.0507	0.0458	0.0750	0.5811	0.5961	0.0427	0.044	0.3033	0.5990	2.0878	0.5638	2.1651	2.9733
2017	23.1357	21.9026	0.5100	0.3767	0.0352	0.0540	0.0760	0.0599	0.6147	0.6459	0.0366	0.0325	0.3008	0.4495	2.0435	0.6798	1.7919	2.2016
2018	23.2339	21.9750	0.5120	0.4069	0.0326	0.0254	0.0619	0.0261	0.6218	0.6404	0.0461	0.0414	0.6651	0.2212	3.0048	1.1241	1.3939	1.7346
2019	23.2942	21.9931	0.5130	0.4260	0.0264	0.0275	0.0432	-0.0655	0.6182	0.6232	0.0478	0.0590	0.2095	0.2259	2.7947	0.9907	1.5734	2.0603
2020	23.3136	22.0037	0.5136	0.4691	0.0252	0.0337	0.0429	0.0386	0.5797	0.5969	0.0470	0.0588	0.2407	0.2967	2.9909	0.9569	1.7160	2.3054

资料来源:作者测算。

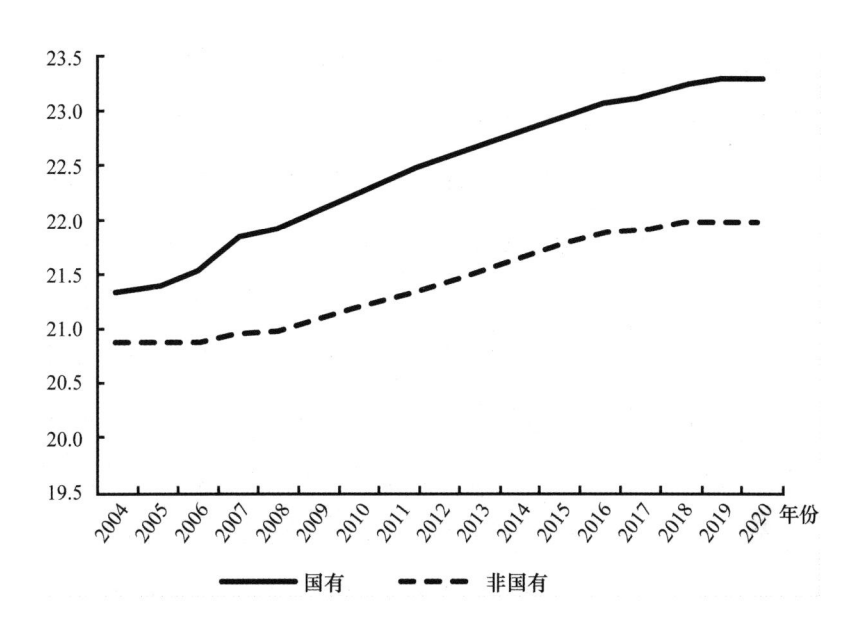

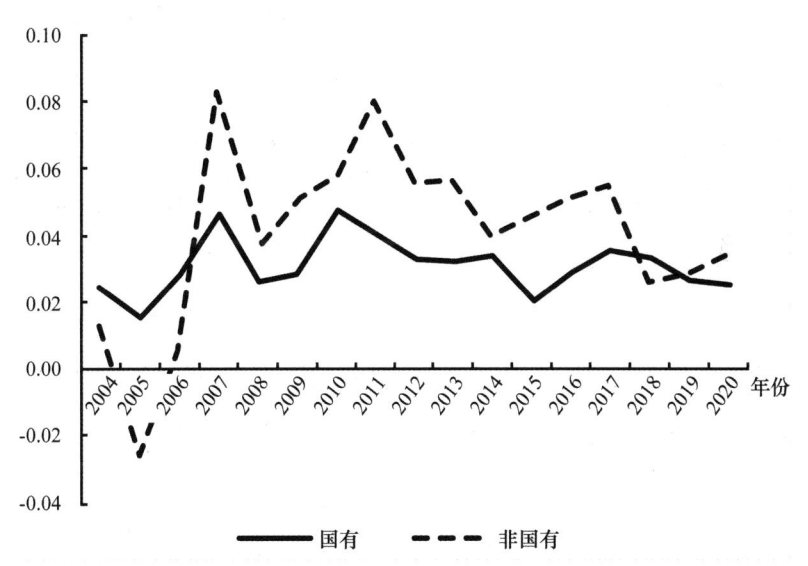

图 3−1 企业规模（上图）和总资产

净利润率（下图）的时间趋势：2004—2020 年

资料来源：作者测算。

2. 总资产净利润率（ROA）差异的演化趋势。2004—2020年总体而言，国有企业总资产净利润率系统性低于非国有企业。但结果并非总是如此，而是随时间不断演化。2004年的国有企业的总资产净利润率与非国有企业并没有显著差别。2005—2007年显著差别开始出现：2005年国有企业和非国有企业的ROA分别为1.54%和-2.68%，2006年分别变化为2.76%和0.53%，国有企业的总资产利净润率都显著高于非国有企业。2007年中国经济增速达到了21世纪的最高点14.23%，非国有企业的总资产净利润率大幅度上涨到8.17%，国有企业也增加到4.62%。2008年的国有企业和非国有企业ROA开始逐步趋于均等化，二者都较2007年的高点有所回落，但维持了非国有企业高于国有企业的基本状态。2009年、2011年、2012年、2013年非国有企业ROA都显著高于国有企业，显示出非国有企业经营机制和业务转换的灵活性，2014年出现了均等化趋势（图3-1下）。2015—2017年国有企业再度显著低于非国有企业，直到2018—2020年这三年国有和非国有企业再度无显著差距。总体来看，2014年国有企业ROA波动幅度明显低于非国有企业，显示出国有企业相对稳定发展的趋势。

3. 总资产周转率（ATO）差异的演化趋势。中国上市企业的总资产周转率高度稳定，国有企业和非国有企业资产周转率的差异随时间出现逐步收敛的迹象。显示出随着混合所有制改革和市场配置资源深度的加深，国有企业和非国有企业资产质量逐步接近，国有企业的总资产周转率周期性经历了从显著高于非国有企业到没有显著差别的变化（见表3-4）。从

表3-5的数据来看,非国有的总资产周转率均值长期稳定在0.6—0.7,而2011年以后国有企业总资产周转率均值从0.8的平台,逐步下降到0.6左右。2004年国有企业和非国有企业总资产周转率均值分别为0.73和0.63,国有企业显著高于非国有企业;2020年国有企业和非国有企业总资产周转率均值分别为0.58和0.60,国有企业略低于非国有企业。

4. 账面市值比(BM)的差异随时间逐步扩大趋势。2004—2020年间,国有企业和非国有企业的账面市值比不但均值差距大,而且差距持续扩大(图3-2下)。首先非国有企业的账面市值比均值比较稳定,2008年以后长期维持为0.5—1,略有波动(表3-5),与发达国家水平数据基本持平;而国有企业的账面市值比均值正在持续扩大,从2008年的均值接近1,持续扩大到2020年的均值3左右(见表3-5),是导致国有企业和非国有企业账面市值比差距显著扩大的主因(见表3-4)。账面市值比是一个主观指标和客观指标的比值,反映了二级市场对国有企业资产净值主观认同的截然不同态度。从国有和非国有企业账面市值比差异的变化趋势中可以看出:二级资本市场对国有企业的体制性认知偏差越来越大:在经历了2004—2007年的同步变化之后,到2020年对于相同会计准则下形成的资产账面价值,国有企业只能在二级资本市场兑换相当于非国有企业1/3的收益;而在2004—2007年,国有企业和非国有企业的市场认同基本完全相同。如此巨大的认知偏差,意味着国有企业市场价值的主观认同急需得到扭转。

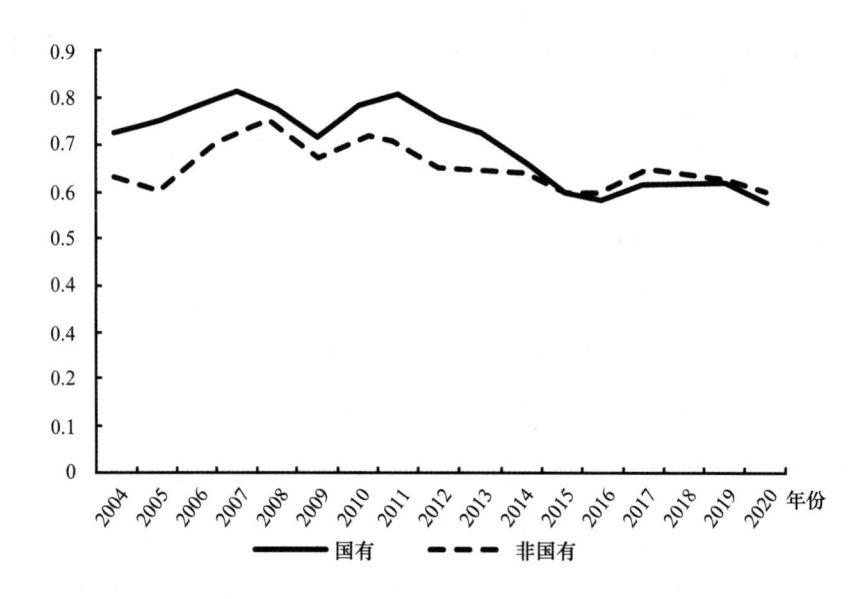

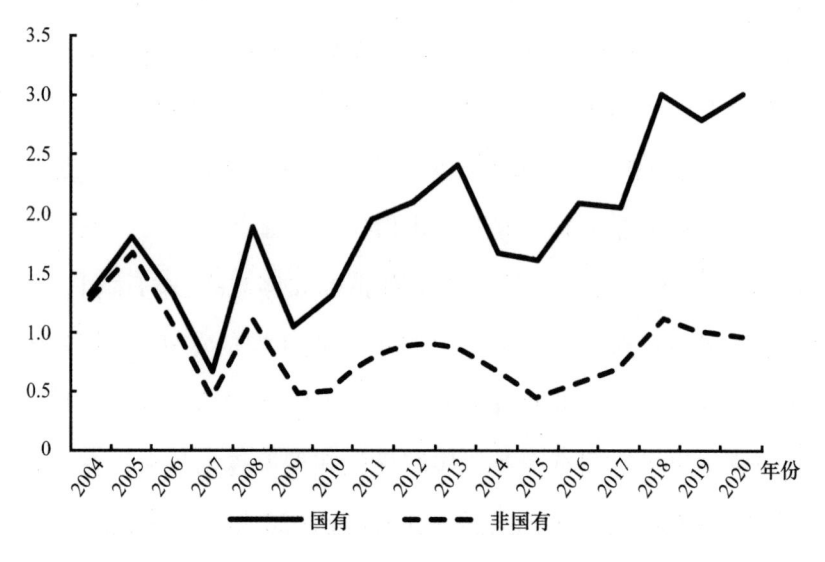

图 3-2 总资产周转率（上图）和账面市值比（下图）的时间趋势：2004—2020 年

资料来源：作者测算。

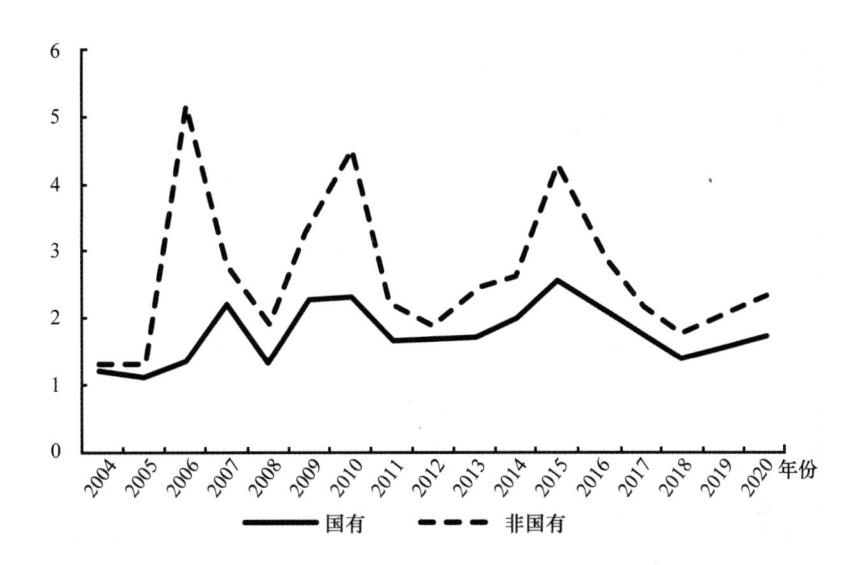

图 3-3　托宾 Q 值的时间趋势：2004—2020 年

资料来源：作者测算。

托宾 Q 值（TobinQ）差异的演化趋势。托宾 Q 值显示出与前面四个指标不同的周期性变化规律。首先可以看到，国有企业的托宾 Q 值（TobinQ）年度均值在 2004—2020 年持续低于非国有企业，只有 2006 年、2010 年和 2012 年的所有制差距不显著，其余年份的非国有企业托宾 Q 值均最显著高于国有企业（见图 3-3）。这同样意味着市场长期持续存在的二级资本市场对国有企业市场价值的主观认知偏差问题。其次是随着每轮二级市场周期牛市的到来，会导致国有企业和非国有企业托宾 Q 值均值出现同时上升。但是非国有企业的上升幅度远远高于国有企业涨幅，峰值年份的非国有企业托宾 Q 值均值能够达到国有企业的 2—3 倍（见表 3-5），认知偏差在牛市高潮会更加严重，这是导致非国有企业托宾 Q 值均值变异系数是国有企业的约 7 倍的主因。或者更明确地说，这意味着二级市场基本不炒作国有企业，或者国有企业基本不会配合二级市场炒作。同时与国有和非国有企业在企业规模指标差距的平行趋势、总资产周转率指标的收敛趋势和账面市值比指标的快速拉大趋势不同，国有企业和非国有企业的托宾 Q 值均值呈现出明显的周期性波动趋势。

二 国有企业和非国有企业无差异指标的演化趋势

1. 资产负债率（Lev）无差别的演化趋势。虽然 2004—2020 年的国有企业资产负债率均值，与非国有企业没有系统性差别，但分年度看则远非如此。具体来看，国有企业的资产负债率均值为 53.31%，且长期稳定在 50%—56% 的水平。但非国有企业资产负债率忽上忽下、飘忽不定，2006 年还一度达到了创纪录的 246.37%（尽管这个数据明显受到了极端值的影响，例如股票重复抵押、资不抵债），是造成非国有企业标准差和变异系数分别达到国有企业 30 倍和 20 倍的主要原因，也反映了非国有企业多变的融资策略和更加灵敏的资产价值变动（图 3-4 上）。在 2010 年之前，国有企业资产负债率均值一直低于非国有企业，但 2010 年之后出现了翻转，随着非国有企业资产负债率水平的持续下降，国有企业的杠杆率开始系统性高于非国有企业。2011—2018 年国有企业的杠杆率均值高于非国有企业 10 个百分点以上，2013 年差距扩大到了 16 个百分点（见表 3-5）。

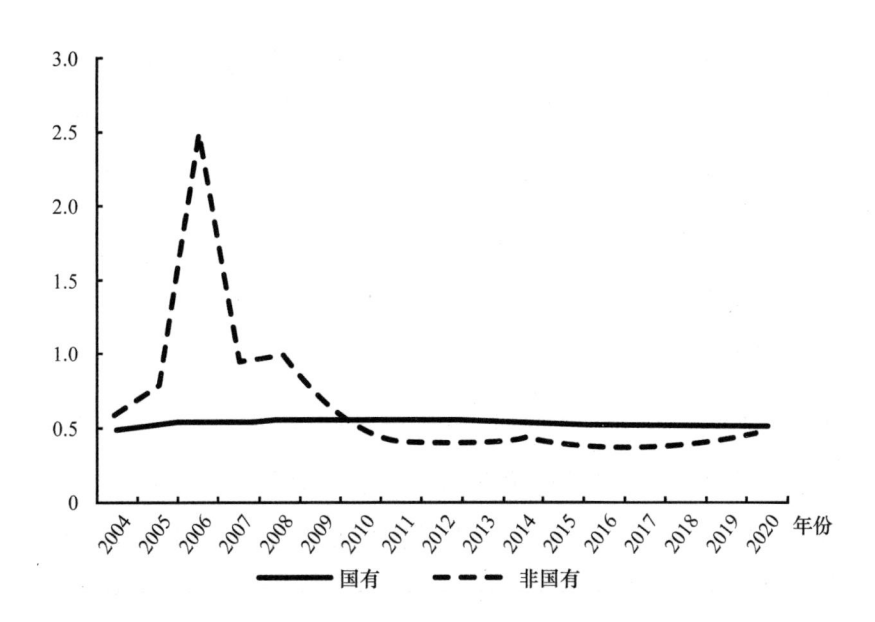

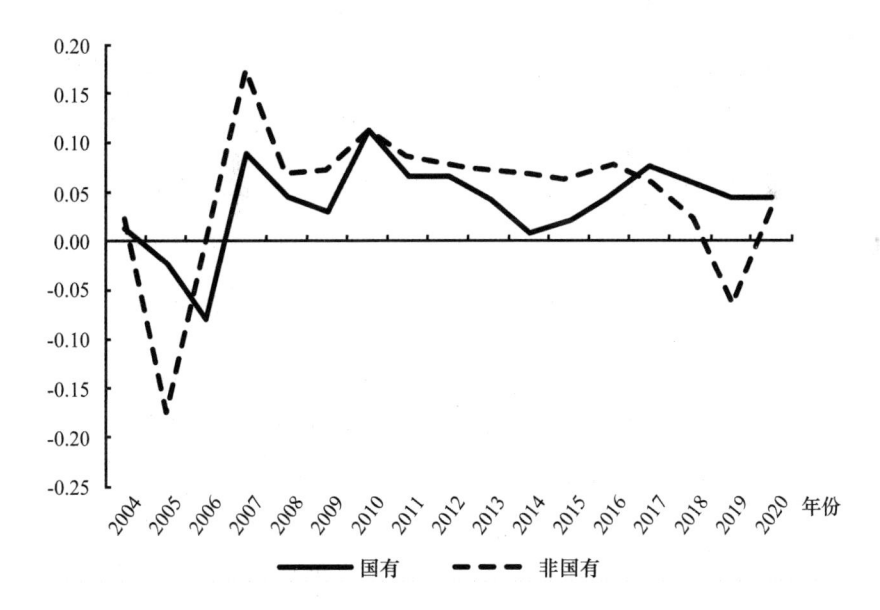

图 3-4 资产负债率（上图）和净资产收益率（下图）的时间趋势：2004—2020 年

资料来源：作者测算。

2. 净资产收益率（ROE）的无差别演化趋势。国有企业和非国有企业的净资产收益率均值（净利润/股东权益平均余额）的无差别特征，确实没有显示出明确的时间趋势。国有企业和非国有企业的净资产收益率长期持续无差别，国有企业与非国有企业经营效率基本无差别的结果是可靠的。这很大程度上是因为国有企业和非国有企业的净资产收益率呈现出很强的联动趋势，虽然非国有企业的净资产收益率波动性更加明显，国有企业的净资产收益率变动幅度明显更小（图3-4下）。2005—2006年，国有企业和非国有企业的净资产收益率均值一度出现负值，在2007年以后恢复为正值。非国有企业净资产收益率从2005年的-18%达到了2007年17%的最高点，之后非国有企业的净资产收益率保持在国有企业之上，并在2015年开始低于国有企业，并在2019年再度转为负值（-6.5%），但国有企业净资产收益率均值依然稳定在4%以上（见表3-5）。

3. 现金流比率（Cashflow）无差别的演化趋势。2004—2020年国有企业和非国有企业的现金流比率均值没有显著性差别。分年份来看，这个结论也基本成立。在2006年、2008—2009年、2012—2018年等绝大部分年份中，国有企业和非国有企业的现金流比率均值都没有显著差别（图3-5）。只有2004—2005年、2007年、2010—2011年、2019—2020年等个别年份才出现国有企业和非国有企业现金流比率差别，在水平高低上也没有确定性结果：2004—2005年研究开始年份国有企业现金流比率均值显著高于非国有企业，2019—2020

年研究终结年份非国有企业现金流比率均值显著高于国有企业，其余年份国企高一些（见表3-5）。

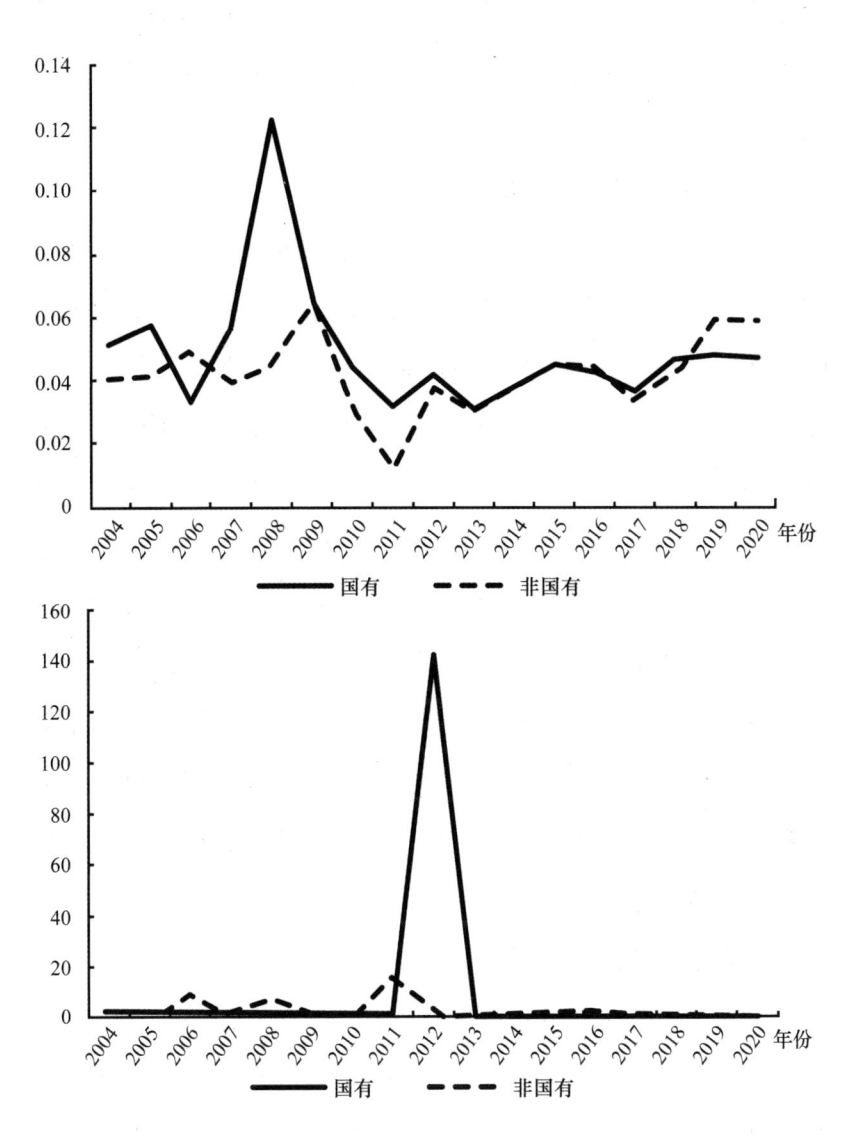

图3-5 现金流比率（上图）和营业
收入增长率（下图）的演化趋势：2004—2020年

资料来源：作者测算。

4. 营业收入增长率（Growth）。2005—2020 年国有企业和非国有企业的年度营收增速均值总体没有显著差别，在绝大部分年份也没有显著差别。但是在 2013—2014 年、2016 年出现了差别。2012 年国企营业收入增长率出现了极端情况影响了均值，但差别也不是非常显著（见表 3-4、表 3-5）。

三 2004—2020 年均值的新发现

2004—2020 年国有企业和非国有企业市场认同演化的数据中出现的极端值情况可能会影响前面的分析结果。我们意识到应当以适当方式处理数据，以增强结果的稳健性。我们采用了上市公司最常见的数据处理方式：（1）剔除了样本剔除中的金融公司，剔除了 ST、*ST 或 PT 上市公司样本；（2）对剩余公司数据进行双边缩尾处理 1% 处理，消除极值影响。这种统计方法的科学性可能会掩盖大量的事实：第一是删除了大量数据真实但极端表现的公司，从而保证统计结果的显著性，虽然我们前面的全样本数据已经足够稳健；第二是针对国有企业作为"特殊市场主体"的定位，可能会制度性的成为剔除对象，导致结果出现制度性偏差。从剔除的直接结果看，国有企业中盈利最高、规模最大的工商银行和规模较大但亏损的青海盐湖、五矿等企业被剔除出名单之外。

经过上述两个剔除过程，我们最终剔除了约 2000 个数据，保留了约 3.8 万个数据（见表 3-6），国有企业和非国有企业的占比依然保持在 40% 和 60%，结构没有变化。剔除均值后的统计数据高度均质化，标准差和变异系数都明显变小，特别是针对 Growth、Lev、ROE、Cashflow 和 Tobin Q 值而言。

第三章 国有企业的市场认同及其演变

表 3-6 稳健样本：国有企业与非国有企业分组统计（2004—2020 年）

变量	SOE	样本数	平均值	标准偏差	标准误差平均值	变异系数
Size	1	15207	22.4382	1.3894	0.0113	0.0619
	0	23023	21.6878	1.1053	0.0073	0.0510
Lev	1	15207	0.5061	0.1958	0.0016	0.3869
	0	23023	0.3859	0.2022	0.0013	0.5240
ROA	1	15206	0.0330	0.0566	0.0005	1.7152
	0	23022	0.0456	0.0745	0.0005	1.6338
ROE	1	15179	0.0604	0.1336	0.0011	2.2119
	0	22970	0.0675	0.1502	0.0010	2.2252
ATO	1	15206	0.7081	0.5160	0.0042	0.7287
	0	23022	0.6406	0.4256	0.0028	0.6644
Cashflow	1	15207	0.0497	0.0721	0.0006	1.4507
	0	23023	0.0451	0.0728	0.0005	1.6142
Growth	1	14898	0.1590	0.4252	0.0035	2.6742
	0	20892	0.1929	0.4889	0.0034	2.5345
BM	1	15207	1.4220	1.3395	0.0109	0.9420
	0	23023	0.7553	0.7980	0.0053	1.0565
TobinQ	1	15011	1.7151	1.1136	0.0091	0.6493
	0	22554	2.1395	1.4755	0.0098	0.6896

注：剔除极端样本。
资料来源：作者测算。

我们看到，剔除极端样本确实对我们的统计结果产生了巨大影响，具体来看：

（1）2004—2020 年所有指标均值的估计中，国有企业和非国有企业都有显著差别，对应着国有企业与非国有企业在客观指标和主观指标上的全面差异；（2）企业规模、账面市值比

◆ 国有企业与畅通经济双循环

两个指标，在 2004—2020 年的所有年份中都有显著差别；

其余各项指标中，资产负债率、总资产净利润率在 2007 年以后全部存在显著差异；原来差异不显著的净资产收益率、现金流比率在很多年份也出现系统性差别（见表 3-7）；

在原来没有显著差别的指标中，国有企业的表现明显变差：国有企业的杠杆率（总资产负债率）系统性高于非国有企业，净资产收益率低于非国有企业，企业营业收入增长率低于非国有企业（见表 3-7）。这一点可以从图 3-6 各个指标的时间趋势中看出来。

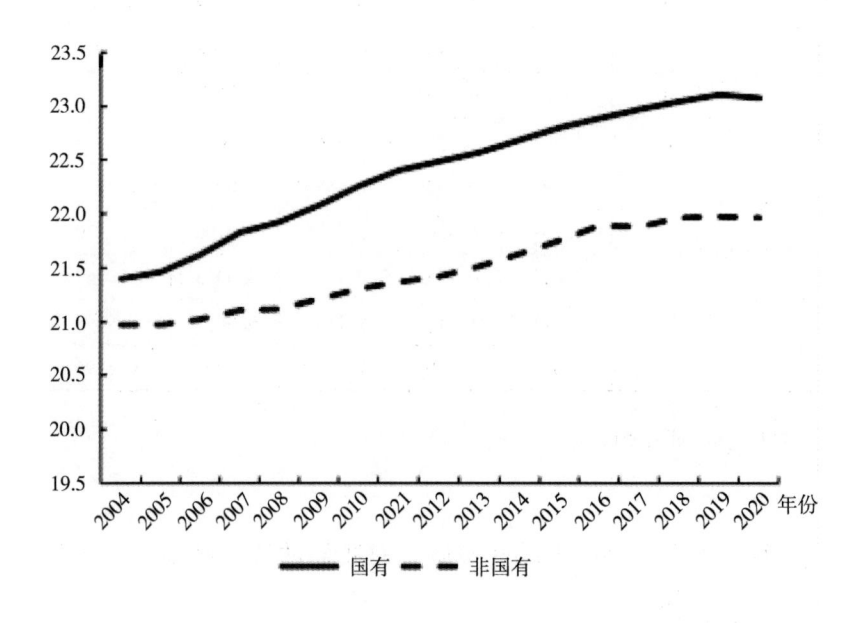

图 3-6-1 Size

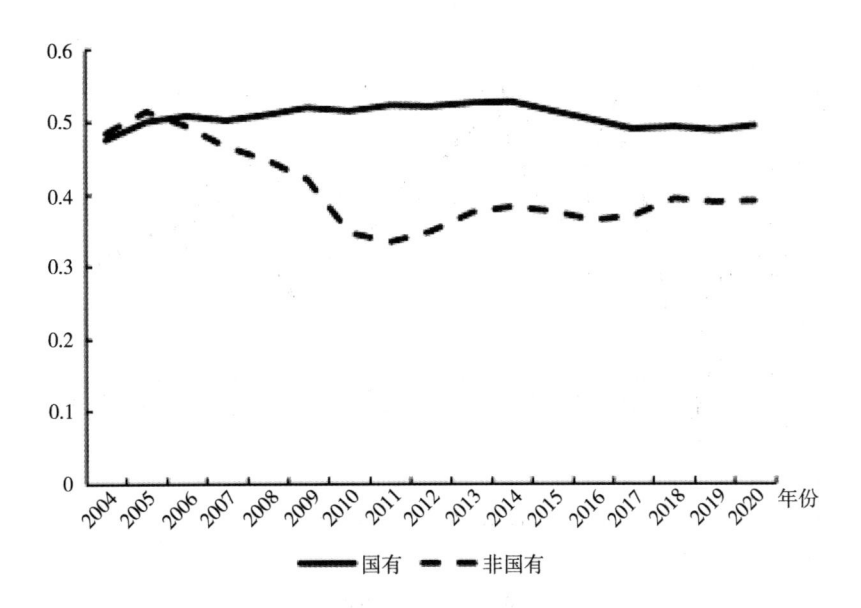

图 3-6-2　Lev

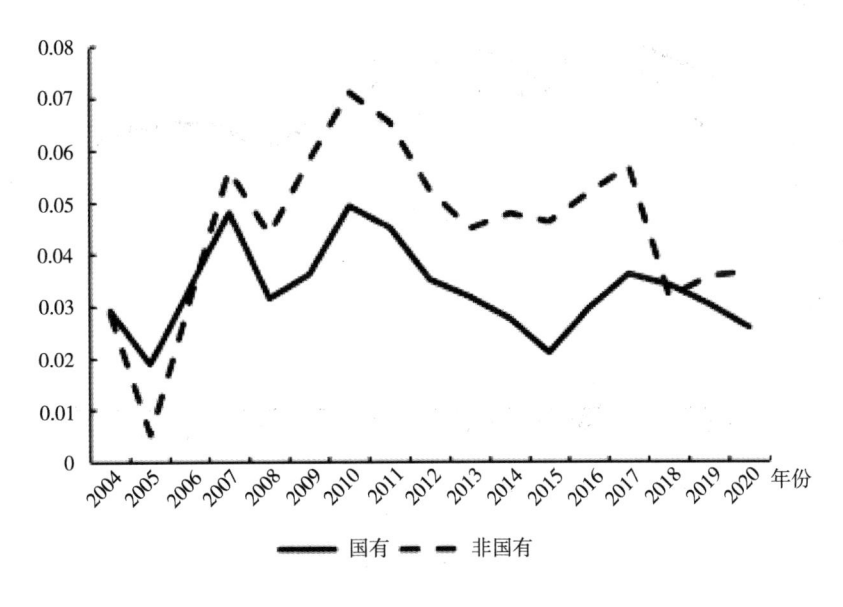

图 3-6-3　ROA

◆ 国有企业与畅通经济双循环

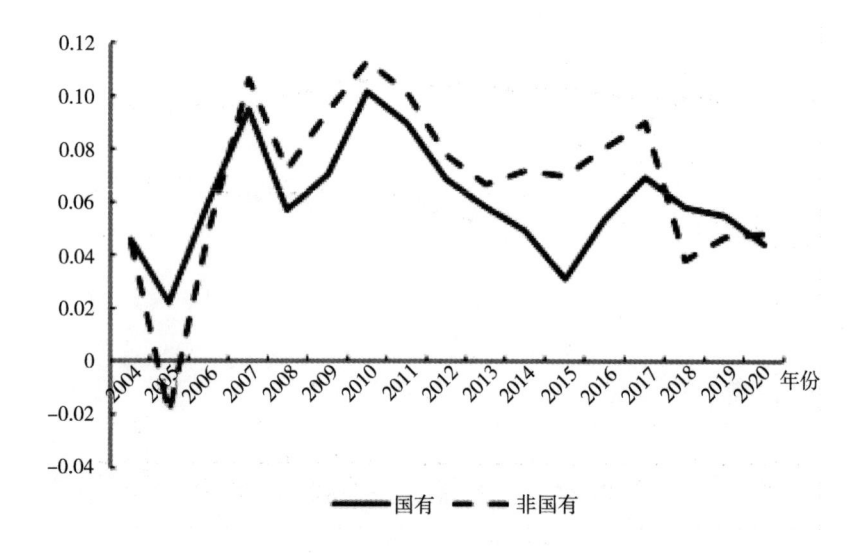

图 3-6-4 ROE

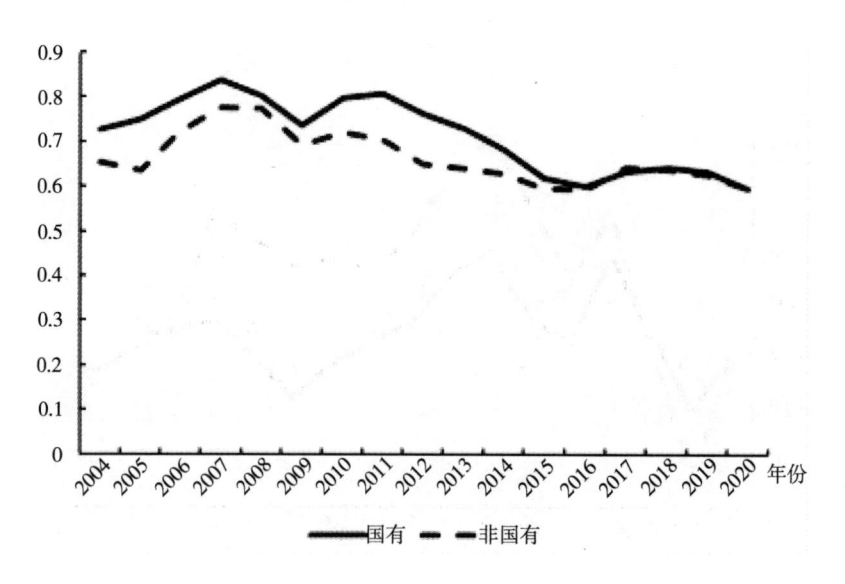

图 3-6-5 ATO

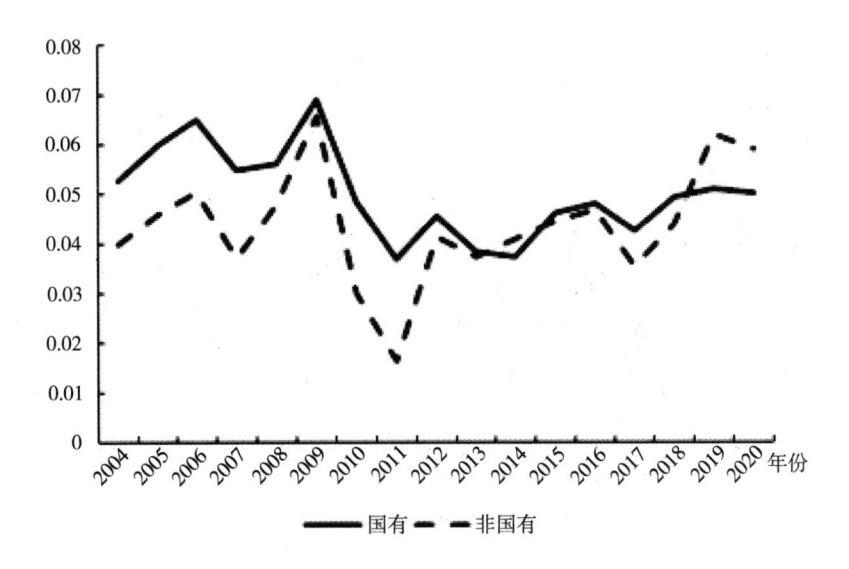

第三章
国有企业的市场认同及其演变

图 3-6-6 Cashflow

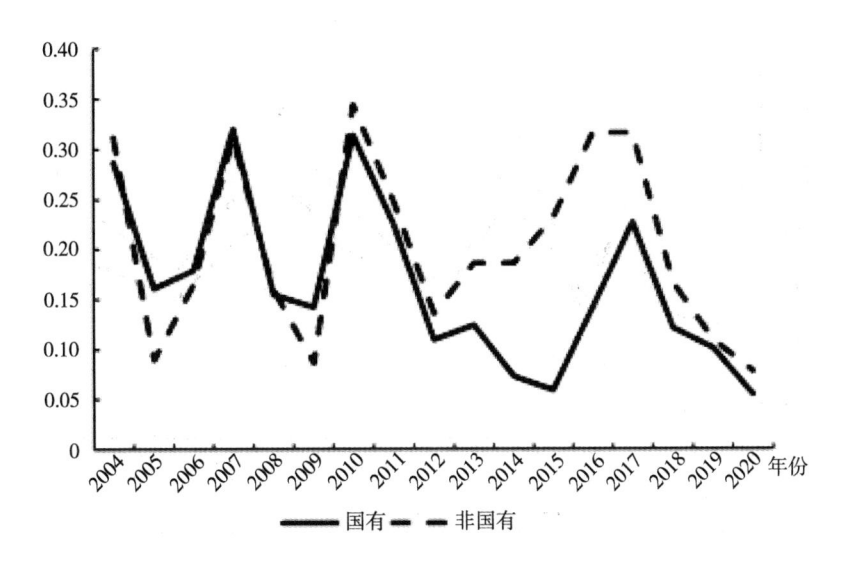

图 3-6-7 Growth

— 69 —

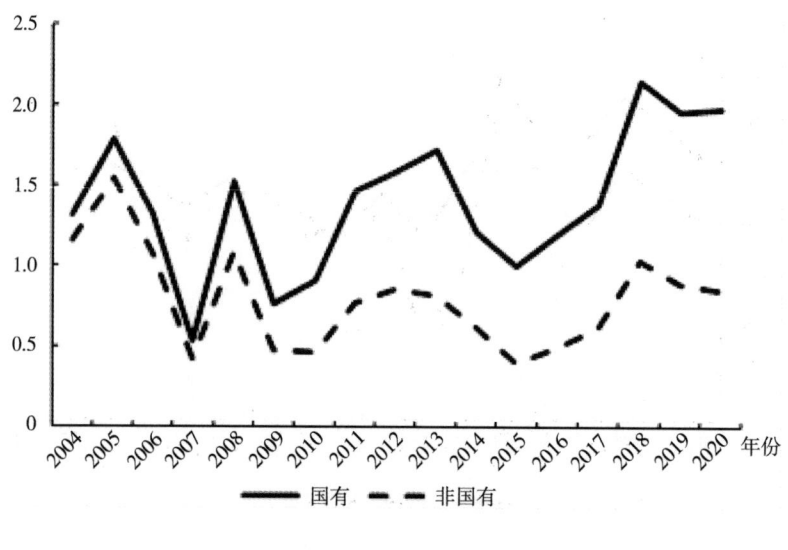

图 3-6-8 BM

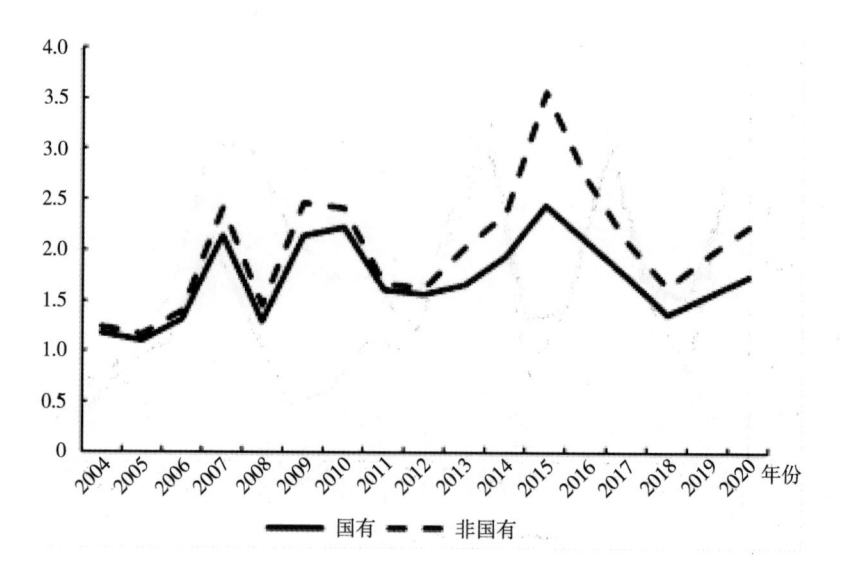

图 3-6-9 TobinQ

图 3-6 剔除极端样本后的时间趋势

表3-7 稳健样本:2004—2020年独立样本T检验结果汇总
国有企业与非国有企业指标是否存在差异性

年份	Size	Lev	ROA	ROE	ATO	Cashflow	Growth	BM	TobinQ
2004—2020	YES	YES	YES	YES	YES	YES	YES	YES	YES
2004	YES	NO	NO	NO	YES	YES	NO	YES	YES
2005	YES	NO	YES	YES	YES	YES	YES	YES	YES
2006	YES	NO	NO	NO	YES	YES	NO	YES	YES
2007	YES	YES	YES	YES	YES	YES	NO	YES	YES
2008	YES	YES	YES	YES	NO	NO	NO	YES	YES
2009	YES	YES	YES	YES	NO	NO	YES	YES	YES
2010	YES	YES	YES	YES	YES	YES	NO	YES	YES
2011	YES	YES	YES	NO	YES	NO	NO	YES	NO
2012	YES	YES	YES	YES	YES	NO	NO	YES	NO
2013	YES	YES	YES	YES	YES	NO	YES	YES	YES
2014	YES	YES	YES	YES	NO	NO	YES	YES	YES
2015	YES	YES	YES	YES	NO	YES	YES	YES	YES
2016	YES	YES	YES	YES	YES	YES	YES	YES	YES
2017	YES	YES	YES	NO	NO	YES	YES	YES	YES
2018	YES	YES	YES	YES	NO	YES	NO	YES	YES
2019	YES	YES	YES	NO	NO	YES	NO	YES	YES
2020	YES	YES	YES	NO	NO	YES	NO	YES	YES

注:剔除极端样本。
资料来源:作者测算。

对照剔除极端样本后的图 3-6，以及图 3-1 到图 3-5 和表 3-5 的数据，可以发现：

国有企业的规模长期显著高于非国有企业，二者之间差异没有缩小的趋势；国有企业的总资产周转率显著高于非国有企业，并且有收敛趋势。这个结论没有变化。

非国有企业的杠杆率（总资产负债率）长期持续低于国有企业：国有企业的杠杆率保持稳定，非国有企业杠杆率在 2006—2010 年快速下降，导致非国有企业的杠杆率低于国有企业 10 个百分点以上。结论基本没有变化。

非国有企业的总资产净利润率在 2008 年国际金融危机以后开始出现了上升，并显著高于国有企业，部分是因为这个时期国企"退房令"限制下的房地产业繁荣；2018 年开始国有和非国有企业总资产净利润率开始趋于相等。结论基本无变化。

2008 年国际金融危机后非国有企业的净资产收益率也略高于国有企业，但部分行业存在的高利率融资导致的成本效应，让非国有企业净资产收益率高于国有企业的幅度有限。结论基本无变化。

国有企业的现金流比率长期高于非国有企业，在 2018 年后有翻转趋势；结论基本无变化，但国有企业高于非国有企业的程度有所下降。

2013 年之后，非国有企业的营业收入增长率高于国有企业，二者在变化趋势上高度同周期；这个结论与全样本分析产生了较大变化。

国有企业的账面市值比长期高于非国有企业，差距持续扩大（2020年差异程度从3缩小到2）；国有企业的托宾Q值长期低于非国有企业，但非国有企业的周期性变化幅度更大，市值变化更灵敏（程度略有下降，非国有企业的极值干扰更强）。结论无变化。

第四章

国有企业与产业链供应链的现代化

　　新冠肺炎疫情暴发后,国有企业充分发挥大国重器的顶梁柱作用,在稳定产业链供应链方面发挥重要作用。当前,国有企业应充分发挥经济社会发展的"稳定器"和"压舱石"作用,坚持不懈深化改革,提升产业链供应链现代化水平,大力推动科技创新,在推动形成以国内大循环为主体、国内国际双循环相互促进的新发展格局的进程中起到带动作用。国有企业应当切实肩负起经济、政治和社会责任,推进结构调整、创新发展、布局优化,不断推动产业转型升级,夯实基础,加快国有经济布局结构调整,促进国有资本向战略性关键性领域、优势产业集聚,推动国有资本优化配置,提升创新发展的能力,着力推动国内供给、需求,在更高层次、更高水平上实现动态平衡。

第四章
国有企业与产业链供应链的现代化

第一节 打造产业链供应链的重要性

2020年以来,有关"发展"和"安全"的话题,被提到了一个前所未有的高度。2020年8月,习近平总书记在经济社会领域专家座谈会上将改革开放以来党所提出的理论成果高度概括为11项,其中就包括"关于统筹发展和安全的理论"。11月,在《关于〈中共中央关于制定国民经济和社会发展第十四个五年规划和二〇三五年远景目标的建议〉的说明》中,他又判断,当前和今后一个时期是我国各类矛盾和风险易发期,各种可以预见和难以预见的风险因素将会明显增多,因此要"坚持统筹发展和安全,增强机遇意识和风险意识"[1]。2021年7月,他在庆祝中国共产党成立100周年大会上的讲话中再度强调统筹发展和安全的重要性[2]。根据这些指示精神,在《中华人民共和国国民经济和社会发展第十四个五年规划和2035年远景目标纲要》(以下简称"十四五规划纲要")中,近百次提到"发展"与"安全"的问题,并单列一篇"统筹发展和安全 建设更高水平的平安中国"[3]。

---

[1] 《中共中央关于制定国民经济和社会发展第十四个五年规划和二〇三五年远景目标的建议》,人民出版社2020年版,第55页。

[2] 习近平:《在庆祝中国共产党成立100周年大会上的讲话》,《人民日报》2021年7月2日。

[3] 《中华人民共和国国民经济和社会发展第十四个五年规划和2035年远景目标纲要》,人民出版社2021年版,第154页。

◇ 国有企业与畅通经济双循环

如何定义"发展"与"安全"？通常我们会将"发展"与"经济增长"画上等号，但在高质量发展阶段，发展意味着"更好满足人民日益增长的美好生活需要"①，除了经济继续保持较高增速之外，还要追求更美好的生活环境、更舒适的居住条件、更高质量的教育医疗卫生服务等。至于"安全"的概念，针对的是防范和化解影响我国现代化进程中的各种风险，确保社会主义现代化事业顺利推进。国家安全的基础是经济安全，内容包括优化和稳定产业链、供应链，实现高水平的自立自强、自主可控②。

改革开放以来，党的工作重心从"以阶级斗争为纲"转变为"以经济建设为中心"。为了摆脱经济发展相对落后的状态，中国通过"市场换技术"的手段，大量引进西方先进技术，相对淡化了技术的自主创新，甚至一些与国防安全相关的项目也受到影响而下马，如国产大飞机和核电技术，导致关键性部件和制造设备依赖于外国公司。"发展先行，兼及安全"的方针，带来的正负效应均十分明显。从正向效应来看，一方面，中国融入了国际市场，获得了技术溢出的效益，利用劳动力、土地、基础设施、市场规模等方面的比较优势，更大程度参与国际经济大循环，成为世界经济的"发动机"。另一方面，这一发展模式在为中国社会创造巨大经济价值的同时，也带来了不

---

① 高培勇：《构建新发展格局：在统筹发展和安全中前行》，《经济研究》2021年第3期。
② 《自主可控安全可靠的国内生产供应体系确保国家经济安全》，新华社，2020年11月8日，http://www.cssn.cn/jjx_yyjjx/yyjjx_gd/202011/t20201108_5212760.shtml。

第四章
国有企业与产业链供应链的现代化

小的隐患。除了长时间陷于资源高消耗、生态环境恶化、城乡发展不平衡等困境之外，更造成了低端产品产能过剩和高端技术被跨国公司垄断的局面，尤其是在高端技术的对外依存度居高不下，严重束缚了我国工业体系在产业链供应链中的提升，增加了我国经济发展面临的风险。

从产业链、供应链的情况来看，产业链上下游各环节环环相扣，供应链前后端供给需求关系紧密关联耦合。产业链供应链的安全稳定，是经济循环畅通的关键。而产业链供应链的维系又是高成本、高风险的。世界局势风起云涌，现有的国际经济体系面临强烈冲击。个别西方大国采取贸易保护主义和单边主义，以"国家安全"和意识形态为借口，压制我国工业体系在产业链供应链中的提升，试图缩短甚至封锁我国重点产业领域转型升级的战略窗口期。

同时，在新冠肺炎疫情的冲击之下，国内的产业链供应链也面临着阻断威胁。疫情发生之后，几乎所有的企业都遭遇过一段时间的业务停顿、人员短缺、成本增加、现金流吃紧、上下游供应商之间的复工产能对接困难等问题。多数企业的关键零部件供货速度受到不同程度的影响，甚至出现断供现象。同时，近年来我国人工成本、土地及其他要素价格全面上涨，综合成本快速上升，制造业出现加速外迁现象，部分行业甚至发生供应链集群式外迁。企业生产成本上升、资金周转困难、人流物流不畅等问题，进一步影响了产业链供应链的稳定。

目前，中国已是全世界唯一一个具备完善39大类工业体系的国家。但是，即使工业体系的部门分类再齐全、各产业规模再庞大，也难以避免关键核心技术受制于人的问题。具体而言，任何技术都是由一定的信息和知识共同组成的。技术信息是对有关对象的描述，可以用纸张、硬盘等形式加以存储，这部分技术可以被引进。而技术中的知识是人对客观事物的理解和如何做的领悟，由于复杂、可编码性较低，所以更多隐于人的大脑之中，而不是在技术蓝图、操作规则等技术资料中，难以被清晰地展示和传递，只能通过"干中学"的方式获得。上述特点决定了技术难以通过引进、购买、模仿等方式获得。获得先进的生产线、硬件设备较为容易，但是要引进真正的高技术和核心技术能力却十分困难。技术背后隐含的知识难以交易，无法彻底引进。

更重要的是，在经济全球化的条件下，发达国家实施技术垄断与技术出口管制，通过严格的立法对发展中国家和地区的技术出口进行严格的限制，并采取技术壁垒等严密的高新技术保密措施，致使我国无法获取核心技术。除此之外，发达国家还通过知识产权保护制度和跨国公司经营不同程度地抑制国际技术的扩散。为维持和加强技术垄断，跨国公司在全球化经营中逐步出现了研发机构本土化和独资化等趋势，以最大限度地抑制核心技术的扩散。从长远来看，这必将制约中国的可持续增长。尽管我国工业体系部门分类齐全，产业规模庞大，高科技产业发展迅猛，但仍有不少高精尖产品的核心零部件和软件系统需要进口，关键核心技术受制于人的问题尚未解决。目前，我国工业体系正面临西方国家的重点打击，一旦发生大规模的贸易摩擦，极易出现部件系统"断供"的情况，导致生产

第四章
国有企业与产业链供应链的现代化

活动受限，对产业链供应链的安全造成负面效应。中国成功控制新冠肺炎疫情扩散，表现出在不久的将来"弯道超车"的可能性，以美国为代表的发达国家采取民族主义和保护主义色彩强烈的"脱钩"政策，也会造成产业链的"主观"断裂。从供求关系来看，产业链、供应链断裂导致原材料或"卡脖子"技术短缺，会构成供给环节的安全风险；生产出来的商品因为关税壁垒等问题无法售卖，则会造成需求环节的安全风险。这些风险一旦出现，即使进入后疫情时代，也有可能常态化。

产业链供应链的升级并非一蹴而就，高端人才的培养和储备也非一日之功。西方国家对我国工业体系特别是高科技产业的重点打击与极限施压，新冠肺炎疫情对贸易生产活动也造成了巨大且长久的冲击，这些因素都会对产业链供应链的安全造成负面效应。为此，我们必须坚持创新在我国现代化建设全局中的核心地位，把科技自立自强作为国家发展的战略支撑，立足强大的国内市场，深入实施创新驱动发展战略、突破关键核心技术，提升我国产业链供应链现代化水平，更好地维护产业链供应链的稳定性、安全性和竞争力，推动实现更高质量、更有效率、更加公平、更可持续、更为安全的发展。

事实告诉我们，在关系国民经济命脉和国家安全的关键领域，真正的核心技术是买不来的，只有提高产业链供应链的整体水平，实现技术的本土创新，才能从制造大国走向制造强国，通过发挥市场机制作用、依靠产业化创新来培育和形成新增长点。一个企业即便规模再大、市值再高，如果核心元器件严重依赖外国，供应链的"命门"掌握在别人手里，那就好比在别人的墙基上砌房子，再大再漂亮也可能经不起风雨，甚至会不堪一击。

第二节　国有企业助力提升产业链供应链水平

以中美贸易摩擦和疫情防控为镜鉴，证明了"建链""强链""固链"的重要性。只有打造具有更强创新力、更高附加值、更安全可靠的产业链供应链，把核心技术牢牢掌握在我们自己手中，才能实现产业链供应链自主可控的安全目标。中国经济发展的关键在于构建产业链自主性，核心是企业逐步向产业链中高端攀升。产业链的形成和提升并非完全市场自由竞争的结果，主要是由那些位于技术高端的企业在本国政府支持下构建起来的。如何提升产业链供应链的整体水平，关系到国计民生和企业发展。中央提出新发展格局，强调以国内大循环为主体，以实现国民经济体系高水平的完整性为目标，突出重点，抓住主要矛盾，着力打通堵点，贯通生产、分配、流通、消费各环节，目的在于依托我国超大规模市场和完备产业体系，创造有利于新技术快速大规模应用和迭代升级的独特优势，充分发挥规模效应和集聚效应。为此，需要深化供给侧结构性改革，全面优化升级产业结构，提升创新能力、竞争力和综合实力，立足产业规模优势、配套优势和部分领域先发优势，通过质量变革、效率变革、动力变革，提高供给水平，增强供给体系的韧性，解决各类"卡脖子"和瓶颈问题，畅通国民经济循环，为此应当在以下方面进行政策制定与引导。

1. 为全球提供稳定高效的产业链、供应链。在疫情冲击下，全球的产业链、供应链的稳定受到严重冲击。新发展格局强调"国内国际双循环相互促进"，要求国有企业有责任保障外贸产业链、供应链的畅通运转，稳定国际市场份额，推动与各国的分工合作、互利共赢，使国内市场和国际市场更好联通。以"一带一路"建设为纽带，塑造以中国制造、中国创造为关键技术谱系的国际生产体系，加快布局"以我为主"的区域产业链体系。同时围绕全球产业链，在国内主要经济圈打造一批空间上高度集聚、上下游紧密协同、供应链集约高效的战略新兴产业链集群，并加快建设以5G、大数据、物联网为代表的新型基础设施。

2. 核心产业加快技术攻关，积极填补国际产业链高端空白。2021年以美国为主的发达经济体因疫情大规模隔离和封闭导致经济陷入衰退，国际产业链中的高端供给会出现空缺，为我国企业提升产业链发展水平提供机遇。我国经济正处在转变发展方式、优化经济结构、转换增长动力的攻关期，迫切要求我们把经济增长动力从要素驱动转向创新驱动。从国有企业的角度而言，应当切实提升全球资源配置的能力，不断完善自身产业链、价值链、创新链的全球化布局，推动技术、管理、金融等资源的全球化配置，把进行对外投资与国内设备、服务、技术、标准的全方位"走出去"结合起来，加快形成面向全球的生产服务网络，主动对接国际市场需求，积极参与全球竞争与合作，实现企业发展水平的跃升。

3. 强化"强链""固链"的重要性，打造一整套自主可控、安全可靠的产业链、供应链，力争重要产品和供应渠道都至少有一个替代来源，形成必要的产业备份系统。国有企业要坚定不移自主创新，不断加大研发投入力度，加快形成关键产业链领域的集群优势、规模优势和关键技术的创新能力，组织协调各方力量攻关克难，大力推进面向市场领域中的交叉融合与原始创新，实现要素集成、流程优化、技术研发、人才培育等复合型战略目标，提高应对关键技术被"卡脖子"风险的能力，把关键核心技术牢牢掌握在我们自己手中。

4. 支持鼓励行业中介组织进一步完善工业互联网、智能制造的参考架构，加快制造业数字化标准制定，实现设备、数据的兼容连接。加强标准体系与认证认可、检验检测体系的衔接，促进标准应用落地。此外，还可大力推动区块链技术的使用，加强对重要产业、企业、业务、合同、节点接入、客户纠纷等方面的风险识别。利用区块链技术的数据具有多方共识、不可篡改、提高数据真实性和信任度等特点，实现流程跟踪、风险预警、账册、核注清单、申报表、出入库、核放、展示交易等管理功能。通过建立安全的、扩展性强的技术底层，实现多方节点参链，解决贸易真实性与货物实时追踪中的难点，驱动业务创新。

5. 完善科技创新组织机制，围绕"四个面向"，发挥市场的导向作用，积极与国际一流创新企业对标，全面梳理企业科技创新短板清单，超前谋划顶层设计，注重突破关系发展全局的重大技术。国有企业要适应新发展格局要求，坚持"引进来"和"走出去"相结合，以更加主动的姿态融入全球创新网络，以更加开阔的胸怀吸纳全球创新资源，以更加积极的策略推动技术和标准输出，在重点领域保持国际领先，形成代差优势、先发优势，不断抢占技术制高点、掌握行业话语权，在生产组织创新、技术创新、市场创新上走在前列，提升系统集成能力和自主创新能力，与国际国内先进水平对标，充分调动创新资源，有力有序推进创新攻关的"揭榜挂帅"体制机制建设，形成诸多新技术的应用场景和市场化产品，推动企业向价值链的治理者和控制者的转型，培育中国的"链主"企业和"隐形冠军"。

实践证明，自主品牌、自主知识产权的技术产品、具有持续性的创新能力，是实现自主创新必备的三大要素。其中，创新能力要具有持续性，首先要有良好的创新环境，通过不断深化体制和机制的改革，解决企业技术创新的各种障碍和问题，增强自主创新的动力和决定，营造各方协同的创新环境。其次要打造创新体系，包括市场、资金、技术等必要条件的支撑，有必要对企业和研发机构进行资源整合，实现合作开发、成果共享，有效降低技术研发风险。再次，要依靠有创造力的高素质、高水平人才，大力实施科教兴国战略和人才强国战略。最后，对考核与评价机制进行改革，充分考虑国有企业反经济周期和应对重大冲击的政策性负担，将自主研发指标纳入新考核指标体系中。

第五章

国有企业与新型举国体制的落地平台

近年来,中央多次提出建立新型举国体制的要求。2012年《关于深化科技体制改革加快国家创新体系建设的意见》提出,"探索社会主义市场经济条件下的举国体制,注重发挥新型举国体制在实施国家科技重大专项中的作用";2015年,在《关于〈中共中央关于制定国民经济和社会发展第十三个五年规划的建议〉的说明》中,习近平总书记明确指出,要"发挥市场经济条件下新型举国体制优势";2016年《"十三五"国家科技创新规划》强调,"探索社会主义市场经济条件下科技创新的新型举国体制";直到2019年召开的党的十九届四中全会再度要求,"构建社会主义市场经济条件下关键核心技术攻关新型举国体制"。

一般认为,新型举国体制是指"以国家发展和国家安全为最高目标,科学统筹、集中力量、优化机制、协同攻关,以现代化重大创新工程聚焦国家战略制高点，着力提升我国综合竞争力、保障实现国家安全的创新发展体制安排"。在新形势下，如何调动和激发各参与主体的积极性和创造力，进而形成全社会、多部门、跨领域协同作战的场面，更好地发挥新型举国体制的制度优势，是当前各部门重点关注与思考的问题。我们认为，新型举国体制要从理论落到实践，需要充分发挥国有企业的主导作用，为我国经济社会的全面发展提供根本保障。

第一节　从传统举国体制到新型举国体制

中华人民共和国成立初期，为了实现经济发展，迅速摆脱积贫积弱的局面，中国共产党以政治动员为主要形式，整合各方面治理资源，初步形成了"集中力量办大事"的传统举国体制模式，邓小平称之为"社会主义制度的优势"。这种模式依靠行政手段传布指令，在特定的制度条件下，能够通过调动资源的方式完成重大战略任务，但随着系统规模的扩大，负面效应也在逐步累积。尽管中央多次制定政策，调整"收权"和"放权"的比重，但权力收放的主体局限在各级政府，企业活力无从发挥，严重束缚了积极性和创造性。

回顾历史，1949年之后，在建立社会主义国家的道路上，中央政府借鉴苏联模式，构建一套管理权限高度集中的经济体制，通过行政机关自上而下发布指令，对财政收支、物资调度、现金分配进行统一管理,将有限的资本、技术、人才等资源整合到工业化的战略上,呼应生产力发展的需求。国家机关作为经济生活的组织者和调节者,对经济活动进行宏观的管理协调,保持各个部门之间必要的比例关系,尤其在计划方法、指标体系、决策咨询、收支平衡等方面进行深入的探索,这是集中力量办大事的历史前提与逻辑起点[1]。

这一时期的传统举国体制,具有两方面的特征:首先,在央地关系上,中央掌握宏观经济事务的决策权力,设立专门的计划委员会,制定内部协调一致的经济计划,采用物资平衡的方法来测算生产性投入;计划委员会下属各个经济主管部门,将生产计划拆解为具体的生产指标,对地方和企业进行考核;此外,人事管理权、财政权等,也高度集中于中央。其次,在政企关系上,国家行政机关掌握了从生产、流通到分配各个环节的决策权。企业的经营方向、生产种类、产业协作等内容都由中央决定。中央制定生产计划,并以指令的形式下达给企业,企业必须无条件地执行。同时,中央拨给企业流动资金和固定基金,统一调配企业生产所需的物资,企业按照计划所规定的经营活动来使用[2]。

改革开放之后,在如何发挥举国体制的问题上,中央进行一系列理念调整和政策设计。基于对苏联、东欧等社会主义国

---

[1] 陈劲、阳镇、朱子钦:《新型举国体制的理论逻辑、落地模式与应用场景》,《改革》2021年第5期。

[2] 刘国光:《苏联东欧几国的经济理论和经济体制》,中国展望出版社1984年版,第337页。

第五章
国有企业与新型举国体制的落地平台

家传统计划体制失效和对西方资本主义国家陷入周期性经济危机的理性分析,中国共产党认为,国家的重大战略需求完全依靠行政方式,或者统统交给市场决定,都是不可取的。中国特色的新型举国体制,就应当让政府这只看得见的手和市场这只看不见的手都"硬起来",克服传统举国体制下政府包揽一切的问题,并限制和调节资本的过度逐利性,实现市场配置和政府调控的有机结合。党的十八届三中全会强调,经济体制改革的"核心问题是处理好政府和市场的关系,使市场在资源配置中起决定性作用和更好发挥政府作用",既要善于利用市场手段,又能够利用政府集中优势资源办大事。

与传统举国体制相比,近年来所提出的新型举国体制具有三个方面的特点:其一,新型举国体制强化市场机制的作用,通过市场机制反映资源的供求状况,有效进行生产和流通方面的调节,运用市场方式和经济手段来解决预算投入、利益分配等问题。实现生产要素和资源的有效配置。市场机制还能够促进各个主体之间展开竞争,用竞争来调节市场运行,以此提高生产效率,推进技术进步。其二,新型举国体制要求打破政府单一主体的管理和参与模式,充分发挥企业在技术创新中的主体作用,建立以市场为导向、企业为主体、政策为引导的创新体系,使企业成为创新要素集成、科技成果转化的生力军,尤其提出要在核心关键技术的研发攻关上赋予企业充分的自主权,鼓励企业建立研发机构,加大研发投入,开展原创性研究,促进创新要素向企业集聚。其三,新型举国体制的理想形态,是建立政府、企业、高校、研发机构及用户共同参与的

"政产学研用"五位一体的协同创新模式，将国家的重大科技创新战略、目标考核、社会动员、资源配置与运用市场激励机制有机结合，共同发挥优势作用，形成具有激励性、系统性的产业技术创新研发环境。

习近平总书记强调："我们最大的优势是我国社会主义制度能够集中力量办大事。这是我们成就事业的重要法宝。过去我们取得重大科技突破依靠这一法宝，今天我们推进科技创新跨越也要依靠这一法宝，形成社会主义市场经济条件下集中力量办大事的新机制。"[①] 在这里，以"集中力量办大事"为特色的举国体制，是我国长期以来的优良传统，理应充分发扬。"协同攻关"的主体，则包括全社会的各种资源和力量。政府居中统筹联络的作用应当坚持，但并不意味着政府包打一切，而是需要推动"政产学研用"各方共同参与，将物质资源和精神意志集中于特定的战略目标，释放科技和生产力潜能，攻坚克难。

第二节　打造"央企/国企+"的创新平台

总体而言，举国体制分为两种主要类型，一种是应对社会有序运行时的大事，体现出常态化、日常化的特征；另一种是

---

① 习近平：《为建设世界科技强国而奋斗》，人民出版社2016年版，第4—5页。

第五章
国有企业与新型举国体制的落地平台

处理非常态的大事，表现出突发性、应急性的特点。2020年初的新冠肺炎疫情防控属于后者。在疫情发生之后，中央迅速提高决策果断性，为这场抗击疫情的国家行动赢得了时间，并充分调度力量实现资源的高效配置，"一盘棋统筹与局部优化相统一，行政命令与自愿服务相融合，市场与政府两只手同时发力相得益彰"，创造了抗击传染病大流行物理隔离的经典案例①。这是举国体制的一次成功展示。除此之外，如何在日常的工作中发挥举国体制优势，则需要借助相应平台。

当前，在构建新型举国体制的过程中，日益体现出一些矛盾张力的元素。新型举国体制倡导"集中力量办大事"，中央发起的自上而下的政府行为，动员和调配各方力量，解决特定的战略目标。问题在于，各方力量多为独立的参与主体，与政府之间仅有间接的行政隶属关系，具有资源碎片化的特征。依靠契约或协议而实现委托代理关系，无形中提高了交易成本。同时，在市场经济的激烈竞争之下，不少参与主体自负盈亏，承担着较高的运营成本，或面临较大的政策风险和市场风险，严重影响了科技创新和转型升级的积极性。理想状态下的"政产学研用"五位一体的协同创新模式，时常出现政府积极投入、其他主体态度消极的局面，无法形成"一个拳头"的合力，这对于推进产业基础高级化、产业链现代化，突破攻坚难度大、投入周期长的科研战略瓶颈，将会产生难以估量的负面

---

① 叶青、李清均：《新型举国体制进路：经验证据、机理分析、路径优化》，《理论探讨》2021年第3期。

效果。

举国体制的"激励困境"是一个需要正视并克服的重要问题。举国体制要求在短时间内集中尽可能多的资源,通过政治或行政命令将各个主体集聚在同一阵营之中,有计划地组织协作,就不同主攻方向协同参与、同时推进,缩短攻坚克难的总时间,以保证目标任务完成的整体性和连续性。即使是举国体制模式的推崇者,都不得不面对一个问题:在各方主体看来,他们参与到举国体制的动机或激励是什么?有学者表示,举国体制带有国家利益的至上性,能够有效提振参与者的精神,通过强调举国体制目标任务的紧急性和重要性,巩固和强化社会成员的集体意识和国家观念,进而提高其劳动积极性[1]。根据上文的分析,对于体制外的参与主体而言,光靠精神激励显然不足以提高他们的积极性。

为了解决这一问题,应当确定一个落地平台,使新型举国体制有"抓手"。我们认为,中央企业或大型国有企业,理应担当这一平台重任。国有企业以社会主义公有制为基础,在社会再生产过程中,从事商品生产、商品流通和服务性活动的生产经营单位,围绕着自己的生产经营目标,拥有生产资料和相应的劳动力,在生产、技术和经济上是一个有机的统一体,"把全部国家经济机构变成一架大机器,变成一个使亿万人都遵照一个计划工作的经济机体"。企业的任务是用尽可能少的

---

[1] 谢富胜、潘忆眉:《正确认识社会主义市场经济条件下的新型举国体制》,《马克思主义与现实》2020年第5期。

第五章
国有企业与新型举国体制的落地平台

人力、物力和财力，为社会生产量多、质优、价廉的产品和提供优良的服务，为国家提供更多的税利，以满足劳动人民物质文化生活日益增长的需要。

国有企业由国家对其资本拥有所有权或者控制权，政府的意志和利益决定了国有企业的行为。这一特征使其能够遵循政治目标，承担重要的、非常规的战略任务，保障举国体制的落地。举国体制所应对的长周期、高风险、高不确定性特征，使民营企业等体制外参与主体难以承受持续性的高强度研发。国有企业从制度起点上，就与国家战略同频共振，将社会主义现代化国家建设的发展目标内化在企业文化之中，能够基于国家使命，在战略性产业、支柱性产业及科技攻关项目研究中，实现"集中力量办大事"，避免短期行为，树立全局意识。

同时，国有企业又具有市场化运作的一面。党的十八大以来，国有企业遵循市场经济规律和企业发展规律，推进政企分开、政资分开、所有权与经营权分离，使国有企业逐步成为依法自主经营、自负盈亏、自担风险、自我约束、自我发展的独立市场主体，通过充分挖掘自身人、财、物的潜力，提高企业经营效率。在新发展阶段，国有企业改革发展已经取得了巨大成就，日益适应市场经济体制，具备为中国人民"强起来"做出巨大贡献的充分条件。

国有企业既有遵循政府意志和利益的一面，又有市场化经营运作的特征，这使得国有企业（央企或大型国企）能够成为新型举国体制落地的重要平台。发挥这些龙头企业的自主创新能力，对于提升我国科技竞争力、打造经济要素和资源的汇聚高地，起到至为关键的作用。将国有企业打造作为新型举国体制落地平台的一大优势是，国企本身的市场化运作，使其能够及时捕捉到市场需求，并选择合适的主体参与研发。举国体制"全国一盘棋"的原则特征，固然可以短时间内举各界之力，进行政治动员和物资调配，但无法避免信息链条长、节点多的问题，对于市场的信息反馈、潜在的伙伴筛选等方面也难以面面俱到。如果要发挥新型举国体制的作用，就应当通过平台下沉落地，以充分接触各类资源和行为主体。

从这个意义上讲，依托央企或大型国企为主导的创新平台，深入实施创新驱动发展战略，加快推动双循环背景下的产业转型升级，实现经济的高质量发展，已是刻不容缓，理应要求国企在科技创新上有更多作为，不断将自身打造成为新型举国体制中的技术创新主导者。通过这一创新平台，整合各类资源，吸引民营企业、高等院校、科研机构、国家实验室、用户等广泛参与，形成"央企/国企＋"的创新联合体，强化专业化协作和配套能力，集中力量攻关重大课题，增加微观活力，形成突破核心技术的强大体系支撑①。

"央企/国企＋"创新联合体应以央企/国企为核心，或称之为"链长"。作为链长的企业，应努力发挥"头雁"领飞作用，通过提供联结条件或者技术支撑，组织协同攻关和共性技术研发等多种方式，形成具有更强创新力、更高附加值、更安

---

① 黄群慧、张弛：《新发展阶段国有企业的核心使命与重大任务》，人民网，2021年3月10日，http://www.people.com.cn/n1/2021/0310/c32306-32048199.html。

全可靠的产业链供应链。①同时，要超越企业立场看问题，组织协调各方力量攻关克难，大力推进面向市场领域中的交叉融合与原始创新，实现要素集成、流程优化、技术研发、人才培育等复合型战略目标，必要时甚至牺牲一些自身利益做铺路石，为全链发展谋篇布局，使之成为构建新发展格局的原创技术策源地。"在核心技术的研发上，强强联合比单打独斗效果要好，要在这方面拿出些办法来，彻底摆脱部门利益和门户之见的束缚。"②相关职能部门也应适当调整和改革企业考核与评价机制，将保障产业链供应链稳定、推动产业自主创新纳入到新考核指标体系中。

为了能够充分发挥国有企业的创新平台功能，政府需要进一步完善科技创新政策，加强创新服务供给，在科研项目、资金扶持等方面给予平台支持，并给予相应的容错空间。同时做好区块链、人工智能、移动通信等技术的研发工作，通过建设"大系统、大平台、大数据"，全力打通"数据壁垒"，加快构建畅通便捷统一的信息应用网络，推动国有企业和其他创新主体之间的多元协同和深度融合，形成一大批高水平的创新联合体，充分调动"政产学研用"的多方资源优势，以此释放新型举国体制的优势活力。此外，还应推动构建供应链金融平台，通过金融科技手段将产业链上下游企业进行关联和捆绑，实现

---

① 林盼：《新型举国体制如何落地：打造以国企为主导的创新平台》，《华东理工大学学报》（社会科学版）2021 年第 4 期。

② 习近平：《在网络安全和信息化工作座谈会上的讲话》，人民出版社 2016 年版，第 14 页。

资金流、信息流等的融合和优化，助力产业链上下游优化融资渠道，为提升产业链供应链稳定性和竞争力提供重要支撑。

当前，我国经济正处于转变发展方式、优化经济结构、转换增长动力的攻关期，需要最大限度整合社会资源，贯彻"集中力量办大事"的原则，突破战略性前瞻性关键核心技术，提升系统集成能力和自主创新能力，集中攻关"卡脖子"难题。各管一摊、各自为战的做法已不可行，急需通过项目合作、产业共建、搭建联盟等方式，打造创新联合体，形成工程项目、应用研究和技术研究"三位一体"的科创平台。在此过程中，国有企业应当作为新型举国体制的探索者、组织者和引领者，统筹协调各方力量，发挥市场资源配置作用，激发各类主体参与经济社会的建设，形成"劲往一处使"的强大合力。创新是构建新发展格局的第一动力。国有企业应当坚定实施创新驱动发展战略，聚焦发展重点领域的短板环节，联合行业的上下游、产学研的力量，实现发展动力的根本性变革。积极履行央企科技责任，发挥资金、制度和市场优势，探索与高等院校、科研院所的合作新模式，努力成为原始创新和核心技术的需求提出者、创新组织者、成果应用者。

第三节　加强人才队伍建设

推进国有企业改革，是提高企业活力和效率的关键任务，这既是国有企业实现高质量发展的迫切要求，也是推动构建新

第五章
国有企业与新型举国体制的落地平台

发展格局的内在要求。近年来,国有企业改革不断向纵深推进,实施了一批重大改革举措,取得了明显成效,但仍有一些制约发展的障碍、弊端尚未被破除,必须持之以恒将国有企业改革不断引向深入。

人力资源是企业的核心资源,直接决定企业的兴衰成败。要提高国有企业的市场竞争能力,必须大力加强人力资源管理,以系统化措施强化人才队伍建设。按照市场规律,明确责权利,干得好就激励、干得不好就调整,实现职务能上能下、人员能进能出、收入能增能减,为构建以价值创造为导向的人才培养、使用、评价和激励体系奠定基础。

总体而言,国企受到体制的约束,薪酬水平在行业范围内并不具备绝对优势,尤其是对高端人才缺乏吸引力,因此在人才队伍的建设上形成"内培为主,外进为辅"的态势,需要在培养模式和用人机制方面进行创新。如果无法"以人为本",为人才发展创造有利环境,必然会影响人才的工作热情和积极性,导致人才流失。当前国企在人才培养方面虽然取得了一些成绩,但仍普遍面临以下两个问题。

首先,在培养模式上,一些企业的培养规划不够主动系统,一直实行"头痛医头,脚痛医脚"的被动应付培养模式,或按照"招聘—培训—考核"的"三部曲"开展工作,未能结合企业发展需要进行谋篇布局,没有从职业技能、文化知识、创新能力、战略眼光等方面系统地进行人才培养,缺乏涵盖人才培养内容、培养模式、培养目标和培养质量的整体规划和理念,对关键岗位所需的知识技能缺乏系统性的评估,使得熟悉业务开发、商务谈判、资源评估等工作的高端人才储备不足，人才队伍建设较为缓慢、人才激励和人力资源管理方面有待完善。

其次，在用人机制上，多数企业存在着人才交流力度不足、选拔程序不够完善等问题。一些企业求稳定与平衡，对人才引进的风险顾虑较多，习惯在本系统内、在熟悉的人群中选用人才，导致选用视野、选用范围存在较大局限。同时，由于企业之间的情况各有不同，薪酬水平差距较大，阻碍了人才流动，缺乏常态化的人才交流轮岗机制。此外，人才选拔程序还不够科学化，仍存在讲资历、论级别的现象，使优秀人才缺少岗位锻炼和施展才能的机会。人才选拔大多基于项目运营的具体需要临时开展，缺乏系统化的培养、规划、计划和配置。

我们认为，国有企业应当完善企业人才工作体系，充分发挥人才资源的引领和支撑作用，在坚持党管干部、党管人才不动摇的基础上，围绕培养造就大批德才兼备的高素质人才，建立不同类型人才的晋升机制，在行政职务序列之外，打通国有企业营销人员、管理人员、研发技术人员、技能人员、党务人员五个晋升通道，并横向互动、能上能下，人员相互交流、身份相互转化，实现人才职业有规划、发展有平台、晋升有通道，形成后备人才成池、源头活水始现的良好态势。以下三条建议可供借鉴。

首先，在培养原则上，应统筹布局，搭建平台。人才队伍建设无法"毕其功于一役"，必须聚焦时间维度，树立发展意识，着眼企业未来长远战略需要，以促进内部人力资源优化配置为主，重点培养，分类推荐，梯次备用，做到训战结合、业务管理结合和短期长期结合，支撑企业转型升级。如推进人才跨地区、跨板块、跨企业、跨层次、跨专业、跨岗位的有序交流，就是一种有效尝试，可鼓励员工在不同岗位上获得锻炼机会，在产业链的各个环节进行学习，培养人才的复合型能力，建立"培养一批、交流一批、提拔一批"的人才定期培养机制，包括选派基层优秀人才至上级企业或党政机关进行挂职锻炼、推动管理岗位中青年干部至下属企业参与一线实践等，加强企业间横向交流和上下联动，充分盘活全集团人才资源。通过人才发展规划和储备计划的制订，将人才队伍建设与干部储备视野拓展到企业转型发展的各个关键领域和环节，持续提高优秀年轻人才的比例，确保企业人才"蓄水池"保持一定规模和水平。

其次，在评价标准上，应突出业绩，敢于创新。在标准确立方面，听取多方意见，把人才置于推动企业发展的大局中去考察，构建以业绩为重点，由德、识、能、绩等要素构成的各类人才评价指标体系；针对不同岗位、不同年龄段、不同技术职称等，制定出分类分层的人才评价序列，强化员工一专多能的复合型能力；对有特殊专长、特殊贡献人员的评价，敢于打破学历、资历、职称的限制，最大限度地把各类人才集聚到企业长远发展的事业中去。可通过"项目引领"的方式，按照项目完成时效和承担工作量的多少发放项目专项奖金，激励员工提升工作技能和创新能力，培养员工的综合能力，提升成就感和收获感，创新"揭榜挂帅"等新型科研项目组织管理方式，更大激发广大科研人员特别是青年人才的创新积极性和创造潜能，促进青年人才在科研黄金阶段多出成果。

最后，在氛围引导上，应优化环境，"文化育人"。相对于其他所有制的企业，国企虽然薪酬不具备吸引力，但也有比较优势，例如职业稳定性强、更关注职工权益的保障、管理更加人性化、突出价值实现和使命担当等。大力营造"尊重人才、珍惜人才、求贤若渴"的文化氛围，通过开展全员建言献策活动，鼓励员工发表真知灼见，发掘一批有思路、善思考、能干事的人才。可聘请外部专业机构进行职业生涯辅导，引导人才根据岗位需要和兴趣方向，针对性地制定职业生涯规划，增强优秀人才的归属感和责任心。此外，还应为优秀人才在居住落户、家属安置及子女教育方面提供协调和帮助，使其安心、安身、安业。

总之，国有企业应当在新发展格局的背景下，进一步健全创新人力资源支撑体系，大力弘扬科学家精神、工匠精神，深化企业创新人才体制改革，完善创新培养、使用和吸引人才的机制，健全以创新能力、质量、实效、贡献为导向的科技人才评价体系。要全方位培养、引进和用好人才，实行更具竞争力的人才吸引制度，研究实施高层次人才引进工程，大力培养企业高端技术人才，激发人才创新活力，实现人尽其才、才尽其用、用有所成。

第四节 健全完善激励机制

2000年以来，中央提出的企业薪酬改革思路，基本遵循着劳动、资本、技术和管理等生产要素按贡献参与分配的原则，完善按劳分配为主体、多种分配方式并存的制度。生产要素是社会经济活动的必备条件，都参与了社会财富和新增价值的创造过程。在市场经济条件下，生产要素的拥有者有权按照要素数量及在社会财富创造过程中所发挥的作用获得相应回报，如企业经营者从劳动中独立出来，通过分红、股权、期权溢价等形式获得报酬。坚持市场导向、效益导向、业绩导向，实现薪酬能增能减，将薪酬分配向企业中的营销、高科技研发、苦险脏累差、高级管理、高技能五类人员倾斜，激励先进鞭策后进，不断调动干部职工干事创业的积极性、主动性，进一步激发国有企业创造力和提高市场竞争力。

总之，伴随我国经济水平的不断提高，国有企业越来越多地参与更加激烈的国际竞争，在这一背景之下，如何提高国有企业产业工人队伍素质，是一个迫切且核心的问题。高素质的人才队伍建设是企业发展的根本保障，有效的激励机制对于培养职工的忠诚度，激发职工工作激情具有重要意义。这就要求企业总结历史规律，借鉴国内外经验，结合自身特点，站在组织战略发展和职工个人规划的高度，建立合理科学的激励机制，综合运用物质激励与精神激励等各种方式，激发每一名成员的工作积极性，才能在激烈的市场竞争中立于不败之地。

综合历史经验和当前实践，我们认为，应当加强党建引领，形成凝聚力、向心力、战斗力，发挥好党委在企业改革发展中"把方向、管大局、保落实"的领导作用；应当由企业依法依规自主决定，完善既有激励又有约束、既讲效率又讲公平的分配机制，建立健全与企业经济效益和劳动生产率挂钩的工资决定和增长机制，推进绩效考核改革，以业绩为导向，科学评价职工贡献，合理拉开收入分配差距，做到收入有增有减、奖惩公开透明，充分调动职工积极性；应当牢固树立以人为本的思想，形成全体参与、全员进取的企业文化，使精神层面的激励作用有效地转化为实际工作中高度自觉的执行力，为企业发展提供不竭动力。

首先，突出政治引领和目标牵引，推动党建与业务工作在战略规划上同频共振。坚持党对国有企业的领导是重要政治原则，必须一以贯之；建立现代企业制度是国有企业改革的方向，也必须一以贯之。必须始终坚持党的领导，加强党的建设，以党建工作统领全局，推动企业改革发展。确立党组织在企业治理中的法定地位，充分发挥党委"把方向、管全局、保落实"的领导作用，构建企业良好的政治文化生态。党的干部要起到引领作用，既要尽责抓又要带头做，既要严要求又要会激励，率先垂范、身先士卒、加强学习、攻坚克难，引导企业广大党员在推动企业发展中不当旁观者，不做局外人，切实为企业的发展发挥引领和保障作用，使企业党员真正成为企业发展路上的模范和先锋，使职工对企业产生归属意识，获得精神需求的自我满足，达到调动职工热情、发挥职工作用的积极效果。

其次，全面推行全员业绩考核工作，建立健全科学合理的考核管理体系。在绩效考核指标的设置上，考虑企业整体战略指标的分解，充分考虑不同企业、不同层级、不同类型职工的差异性，科学设置具有针对性的考核指标。考核目标既要有前瞻性和挑战性，又要有一定的合理性，确保"跳起来、够得着"。在考核过程中，应打破平均主义，合理拉开收入差距，真正建立起能上能下、能进能出、能高能低的激励约束机制。明确能上能下的标准和规则，着力打开突破身份壁垒、技能提升、职业发展通道，同时说明岗位不胜任的要求认定标准，规范"下"的人员的方式与待遇，真正做到让"不作为、不担当"或有明显失职渎职行为的管理人员下来，实现"能者上、庸者下、劣者汰"，实现从"要我干"到"我要干"的转变，整体提升团队建设，增强企业活力和职工内生动力。

再次，探索中长期激励机制，实现企业发展与个人发展的双赢。学好用足现有政策，根据企业的实际情况选择中长期激励的路径和工具，完善国企领导人员分类分层管理、经理层任期制和契约化管理、外部董事监事管理、国资股东派出人员管理等方面的制度机制。按照收益与贡献对等的原则，科学设置国企高质量发展考核评价指标体系，优化精简考核项目，从企业资格门槛要求设置、业绩考核指标和目标设置等方面加强约束，制定和实施系统性、综合性的全面薪酬解决方案，实现对核心骨干人员的有力吸引、有效保留和适度激励，切实解决干与不干、干多干少、干好干坏一个样的问题。

最后,坚持以人为本,走群众路线,打造良好的企业文化。坚持以人为本,贯彻落实全心全意依靠工人阶级的方针,使职工的个人发展和企业的整体发展相互促进和影响,使职工的价值观与企业的价值观实现高度统一。引导每一名职工以功成不必在我、建功必须有我的主人翁精神,扎扎实实地尽责履职,形成公平公正竞争、鼓励干事创业、领导干部带头的良好环境和文化氛围,为职工群众实现自己的理想、开展创造性的工作提供充分的机会和条件。此外,还应贯彻落实以人民为中心的发展思想,坚持全心全意依靠职工办企业,持续保障职工生产生活、民主管理、文体活动需求,不断为职工群众办实事、解难事、做好事,解决职工的实际困难,共享企业改革发展新成果,持续提高职工群众获得感、幸福感和安全感,切实把企业建设成为利益共同体、事业共同体、命运共同体。

此外,应当鼓励企业推行与完善职业经理人制度,探索建立"责权明晰、奖惩分明、特点突出、流动有序"的市场化人员管理模式,采用"市场化选聘、契约化管理、差异化薪酬、市场化退出、监督管理"等形式,激发干事创业激情。职业经理人可通过采取竞聘上岗、公开招聘、委托推荐等方式产生。按照"业绩与薪酬双对标"原则,根据行业特点、企业发展战略目标、经营业绩、市场同类可比人员薪酬水平等因素,实现核心人才破格晋升。考核指标目标值设定应具有较强的挑战性,力争跑赢市场、优于同行。考核指标比对公司的选取应与薪酬比对公司一致,遵循业绩与薪酬双对标原则。

第六章

国有企业在以内促外中的关键角色

国有企业是我国经济的重要支柱,在关系国计民生的重要领域和关键部门占据重要地位。改革开放以来,国有企业在我国外向型发展战略时期发挥了重要作用,在构建新发展格局的条件下,我们要尽快把以出口为主要特征的经济全球化,升级为以利用我国庞大内需为主要特征的"主场全球化"战略模式,使我们的内需对全球各个国家开放,使我们的市场变成全球市场,变成虹吸全球先进生产要素的磁场,国有企业将在这一过程中继续发挥不可替代的作用。

第一节 新发展格局中以内促外的理论内涵

2020年5月14日,习近平总书记在中共中央政治局常务委员会会议上明确提出"要深化供给侧结构性改革,充分发挥我国超大规模市场优势和内需潜力,构建国内国际双循环相互促进的新发展格局"。在参加全国政协十三届三次会议经济界委员联组会时强调"要把满足国内需求作为发展的出发点和落脚点,加快构建完整的内需体系,逐步形成以国内大循环为主体、国内国际双循环相互促进的新发展格局,培育新形势下我国参与国际合作和竞争新优势";2020年10月党的十九届五中全会通过"十四五"规划和2035年远景目标,正式将"加快构建以国内大循环为主体、国内国际双循环相互促进的新发展格局"写入建议。

"双循环"新发展格局是党中央积极应对世界百年未有之大变局和当前国内外经济形势变化的战略之举,是强化我国国际分工合作竞争优势的重大战略调整,更将贯穿"十四五"始终,成为中国经济中长期发展的主线。

从经济学意义上分析,国内大循环是以满足国内需求为出发点和落脚点,以国内分工体系和市场体系为载体,以国际分工和国际市场为补充和支持,以国民经济循环顺畅、国内分工不断深化、国家技术水平不断进步为内生动力的经济循环体系。国际大循环是以国际分工和国际市场为基础,以国际产业链和价值链为依托,以国际贸易、国际投资和国际金融为主要表现形式,各经济体基于比较优势相互竞争、相互依存的经济循环体系。(见图6-1)

以国内循环促进国际循环,是中国竞争力提高的根本。只有中国创新力不提升,中国高质量发展得以实现,中国才能在

第六章
国有企业在以内促外中的关键角色

国际大循环中拥有竞争力和价值链地位，中国对于全世界经济的拉动作用，对于下一轮产业革命、技术进步的推动力才能够体现。中国已经进入"以内促外"的新时期，这是我们必须要明确的新局势、新要求。

构建"双循环"新发展格局有两方面的核心问题，一方面，要将对内开放提升到应有的战略地位，畅通国内大循环，激发和强化我国超大规模的市场优势，打造内生动力；另一方面，也要通过对内开放为自身充电，来带动复苏国际大循环，维护全球劳动社会化分工与协作所产生的普遍联系，打通被疫情、贸易保护主义及政治地缘等因素影响的全球产业价值链，即"以内促外"。利用双循环相互促进，进一步提高对外开放的水平，形成开放、改革、创新、发展的良性互动关系，这是未来中国经济高质量发展的重要保障。

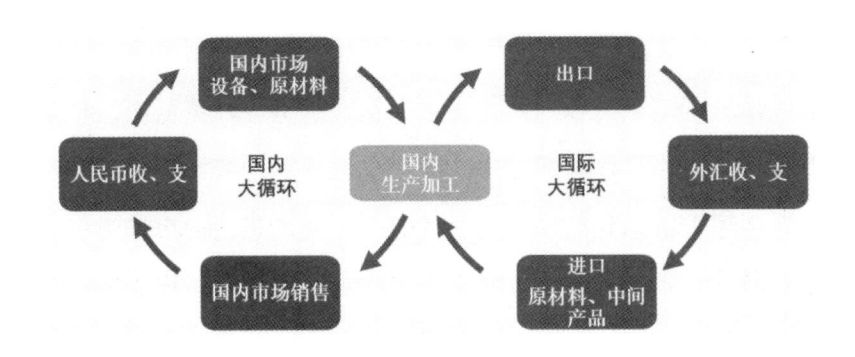

图 6-1　国内外双循环示意

第二节 以内促外在构建新发展格局中的重要意义

习近平总书记指出,要推动形成以国内大循环为主体、国内国际双循环相互促进的新发展格局。然而,部分海外媒体及国内学者对双循环新发展格局仍存在误读,对于外需和"以内促外"在新发展格局和双循环中的地位和作用的认识存在偏差。正如习近平总书记所指出,从长远看,经济全球化仍是历史潮流。各国分工协作,互利共赢是长期趋势。

新发展格局以国内大循环为主体,并不意味着不重视对外开放,而是通过推进更高水平的对外开放、促进内外市场发展和规则相融,也是进一步强大国内市场的重要保障,有助于扩宽我国在全球范围配置资源的空间。大不代表强,但是"大"是"强"的基础。在当前保护主义抬头、世界经济低迷、全球市场萎缩的外部环境下,只有将"大市场"的资源禀赋优势转化为"强大市场"的国际竞争优势,才能增强国内市场吸引力和影响力,才能通过繁荣国内经济、畅通国内大循环为我国经济发展增添动力。

"以内促外",国内国际双循环互相促进,一是可以依托国际市场满足和创造国外需求,促进就业和经济增长。目前中国已经建立了相对完整的工业体系,产品国际竞争力较强,未来出口潜力依然巨大。二是出口可以倒逼国内企业积极深度参与

第六章
国有企业在以内促外中的关键角色

国际竞争，持续紧跟世界技术和产品发展趋势，加快企业转型升级，以进一步提升国内企业的竞争力。三是可以谋求更大市场空间，近年来中国外贸企业竞争力逐渐增强，产品出口结构持续优化，通过深度参与全球市场有助于企业进一步扩大生存空间。四是有助于外资进一步流入境内，助力国内产业链转型升级。

国际循环的意义重大，也体现在知识、技术与文化的交流与进步，因为技术创新不但要坚持独立自主研发，还要坚持与开放合作相促进。我国属于发展中国家，技术产业很多方面仍然落后，联合国260多项子产业的1200多项次级产业中，我国仍有600多项受制于发达国家，要赶超世界先进水平，开放合作必不可少。因此，要想更深层次地了解国际标准、国际竞争水平，学习国际最先进技术，也依赖于顺畅的国际循环和高水平的对外开放。在更高水平融入国际经济循环体系的同时，从我国国情出发，以国内分工和技术创新的发展推动国际分工和国际技术创新的发展，实现技术创新"以内促外"。

美国、英国、德国、日本等国的经济史表明，在市场经济体系下，任何经济大国的成长都需经历由弱到强、由"以外促内"转向"以内促外"的必然调整，大国经济崛起最为关键的标志就是构建出安全、可控、富有弹性及韧性、以内为主、控制世界经济关键环节的经济体系。我国从出口导向的发展模式转向强调内需拉动、创新驱动的发展模式，不仅符合大国经济发展的历史规律，还关乎中华民族伟大复兴能否在第二个百年奋斗目标开局之际打下坚实的经济基础。

第三节 国有企业在以内促外中的关键角色

2020年9月29日召开的国务院国有企业改革领导小组第四次会议强调，通过实施国企改革三年行动，国有企业要成为有核心竞争力的市场主体。党的十九届五中全会审议通过的《中共中央关于制定国民经济和社会发展第十四个五年规划和二〇三五年远景目标的建议》对国资国企工作进行了集中部署，深刻回答了"十四五"时期国有企业改革发展和党的建设一系列重大理论和实践问题。按照《建议》部署，国资国企把握新发展阶段、贯彻新发展理念、构建新发展格局，以提升自主创新能力增强新发展动能、以深化国资国企改革激发新发展活力、以高水平对外开放打造国际合作和竞争新优势，切实发挥国有经济战略支撑作用。具体地来讲，在"以内促外"中，国有企业需要发挥以下这四方面的作用。

1. 国有企业要发挥国民经济"顶梁柱""压舱石"作用。

国有企业是我国对外开放的"先锋队"，需要准确把握国际市场动向、需求特点和贸易规则，在提高国际市场开拓能力的同时，加强风险防范能力。包括提升产业链供应链控制力，维护国有资产安全，维护国家经济安全，以及在应对重大挑战时发挥特殊保障作用。

第六章
国有企业在以内促外中的关键角色

2. 国有企业要成为向国际产业链、价值链高端攀升的引领者。

国有企业要维护产业链完整性，并以现代化产业集群为载体，实现产业链与创新链的融合发展，发挥竞争优势，围绕长板不断向产业链高端跃升，提升全球产业链地位，推动供应链上下游企业深度合作，带动提升国内中小企业的经营规模、专业化水平，畅通不同所有制企业之间的合作关系。并且有意塑造以中国制造、中国创造为关键技术谱系的国际生产体系。

3. 国有企业要成为产业创新发展的探索者、组织者。

国有企业要争做本领域产业内创新发展的探索者、组织者，摆脱对关键技术、零部件、原材料的海外依赖。尤其牵涉国防安全和经济安全等的领域，要整合创新资源和科技力量，突破"卡脖子"技术、关键技术，加快自主创新技术、装备、产品等转化，促进模仿创新、集成创新向自主创新的转变。

4. 国有企业要打造一批体现国家实力和国际影响力的世界一流企业。

国有企业要聚焦加快建设世界一流企业，从核心竞争力、市场份额及盈利能力等硬实力，到科学的战略决策体系和完善的治理体系等软实力，再到创新能力、国际影响力等潜在成长能力，以创新发展、深化改革、开放合作、提升管理和传播影响力为重点，打造一批体现国家实力和国际竞争力的世界一流企业。

第四节　国际经济新形势与国有企业面临的新挑战新机遇

一　国际经济新形势

全球化发展进入新的矛盾期,世界经济在此消彼长中呈现更加均衡化的发展格局,危机与机遇并存。

从发展态势来讲,新兴市场经济体和发展中国家在国际经济中的地位不断上升,在国际价值链的位置不断攀升。2018年,新兴市场国家和发展中国家对世界经济增长的贡献率已经达到80%。按汇率法折算,这些国家的经济总量占世界经济的比重接近40%,未来10年内,这一比重将超过50%。

世界各国特别是新兴市场经济体和发展中国家追求开放、分享全球化红利的愿望十分强烈。但一些经济大国,甚至是主要经济体出现经济民族主义、贸易保护主义抬头,危及全球经济。新冠肺炎疫情的暴发,冲击全球经济大循环,动能后继乏力,也增加了其中的不确定因素,国际经济形势更加严峻。这为我国国有企业在构建新发展格局中发挥作用,提出了诸多新的挑战。

国际经济环境亦存有利方面。我国疫情控制措施得力,经济增长率先反弹,成为世界经济复苏的稳定器。新阶段的国际大循环发展格局,在数字经济迅猛发展的背景下,在新一代技术创新助力下,已经具备了一些新的特征。第一是数字贸易增长迅速，与传统商品贸易全球化从形式到影响都大有不同。第二是国际大循环的先导力量，呈现更加平衡的发展态势。中国作为世界第二大经济体，而且是全球最大的发展中国家，为打通消费品国际循环的渠道，通过"一带一路"倡议与建设，把基础设施建设和产能合作相结合，成为世界经济发展中的新亮点。第三是欧美发达国家的自身经济复苏乏力，又遇到新冠肺炎疫情的巨大冲击，经济增长的困难加大，对全球化的贡献减弱。这都为我国国有企业培育新产业新业态、优化全球产业链价值链分工、构建新的合作网络、增强国际话语权创造了新机遇。

二 国内经济发展新阶段、新理念与新格局

我国经济发展已进入新的发展阶段。2020年11月党的十九届五中全会通过的《中共中央关于制定国民经济和社会发展第十四个五年规划和二〇三五年远景目标的建议》指出，我国进入开启全面建设社会主义现代化国家的新阶段，并提出推动高质量发展的新理念，以及加快构建国内大循环为主体、国内国际双循环相互促进的新发展格局。2021年1月11日，习近平总书记在省部级主要领导干部学习贯彻党的十九届五中全会精神专题研讨班上发表重要讲话强调，进入新发展阶段明确了我国发展的历史方位，贯彻新发展理念明确了我国现代化建设的指导原则，构建新发展格局明确了我国经济现代化的路径选择。

改革开放以来，我国经济实现快速增长，2020年，我国GDP总量达到101.5986万亿元。在这个过程中，中国经济逐

渐融入全球分工体系，融入国际经济大循环，工业化、城镇化纵深推进，中国成为全球第二大经济体。随着对外开放的不断深化，中国经济对外依存度经历了不断上升到逐渐下降的倒U型发展路径，外贸依存度一度超过60%。但中国实施积极的财政政策，推动经济快速反弹，对外依存度开始呈现下降趋势。到2020年，中国的对外贸易依存度只有31.6%。中国的经济增速在大型经济体中名列前茅，拥有庞大的劳动力人口总量、雄厚的资本实力，优势突出。中国中央政府的债务率总体可控，脱贫攻坚战取得重大胜利，环境治理取得重大进展，这些都为构建新发展格局提供了有利的内部经济环境。

但是也应看到，中国经济发展中不平衡、不协调、发展质量不高的问题仍然比较突出。中国经济已经深度融入国际大循环之中，中国制造、中国产品有了广阔的国际市场。企业对法治化、制度化、透明化的营商环境的要求也越来越迫切。

三　国有企业面临的新挑战

进入2021年后，全球经济进入了新的不确定时期。这种不确定既来自全球化进程固有的结构性问题，也来自全球产业环境和金融体系的变迁。

新挑战一：国际贸易受冲击严重。国际贸易是全球经济增长的推动力，但根据最新数据，联合国贸易和发展会议（UNCTAD）表示，新冠肺炎疫情封锁措施导致全球贸易在2020年上半年萎缩15%。2020年下半年全球贸易数据有所反弹，其中第四季度全球商品贸易较前一季度增长约8%。这主要归功于发展中国家，尤其是东亚发展中国家，2020年第四季度来自这些地区的商品贸易同比增长12%。可以看出全球贸易高速增长的时期已经过去，现在已进入全球贸易架构的重新整合时期。

新挑战二：全球产业格局动荡。第二次世界大战后，全球贸易平均每30年就会有一些重大的变化，这些变化产生的根本原因是技术创新推动了产业变革，产业变革又推动国际贸易从结构到总量上发生变化。例如第二次世界大战后，德国和日本在石油化工行业迅速崛起，从而在新一轮的全球产业分工中取得了贸易竞争优势；而随着互联网经济的崛起，20世纪90年代后，美国又成功变革全球贸易的体系，以信息技术为抓手重塑全球产业链并取得服务贸易的优势地位，深入全球化进程。如今数字经济、人工智能、绿色新能源等技术革新又将推动全球产业格局的重构，从而进一步影响全球贸易分工体系，全球化进程将进入新阶段。

新挑战三：全球金融体系短期变革。受新冠肺炎疫情影响，全球贸易金融受到极大冲击。进入2021年，全世界各主要发达经济体都纷纷实行了空前的量化宽松政策刺激经济。截至2020年年底，全球主要十二大经济体，货币总供应量已经高达近100万亿美元，约合人民币650万亿元，同比增长20%。全球资产价格暴涨，发达国家股市、房地产甚至艺术品等资产价格节节攀高；国际大宗商品价格上涨趋势明显，例如粮食，2020年5月以来联合国粮价指数累积上涨达18%。铁矿石、有色金属和原油等大宗商品也面临着通货膨胀的风险。虽然全球供应链直接断链的可能性不大，但价格暴涨的风险会非常明显，尤其是相关的短期金融市场波动将云谲波诡，巨大的供应链金融风险若隐若现。

在我国经济发展迈向高质量发展的历史关头，国有企业积极应对风险、稳定金融体系、保障供应链安全并增强产业链可控性，进而寻求全球贸易竞争优势，是构建我国国内大循环的保障，也是国有企业发挥优势，带动发展国际大循环所要面临的巨大挑战。

四 国有企业掌握的新机遇

新机遇一：数字经济浪潮催生新产业新业态超车新机遇

从长期的产业因素来看，全球产业格局正在发生深刻变化，尤其是服务业的变革在即。数字经济在新冠肺炎疫情后凸显出加速发展的态势，在线购物、远程办公、远程医疗、远程教育等数字经济打破了时空的限制，链接了全球的服务供给者与消费者。同时，信息技术与生物工程、绿色产业融合，催生新的产业与业态，新的全球产业架构正在形成。新一轮技术革命和数字经济的发展为我国经济在某些领域实现弯道超车提供了条件和可能性，数字化正推动工业4.0从理念成为产业现实。在全球化减速的背景下，把握新产业的崛起，培育新形势下参与国际合作和竞争的新优势，是我国国有企业建设世界一流企业的新机遇。

新机遇二：全球价值链变革调整显现价值链攀升新时机

全球价值链处于变革和调整期，为我国产业从传统的低端加工制造业链条向高附加值环节攀登提供了有利的时机。国有企业应把握有利时机，鼓励创新和技术进步，在加大制造业开放、提升商品贸易质量的同时，加快国际服务贸易的发展步伐，实现高水平的服务业开放，以实现全球价值链条上的不断攀升。

新机遇三：新兴市场经济体崛起利于构建合作新网络

新兴市场经济体和发展中国家对全球经济增长贡献率高，发展愿望强烈，更愿意与中国开展合作。它们追求开放共享，希望分享全球化红利，为我国的商品贸易和投资提供了新的市场，也为国内产业和企业提供了新的发展机遇。此外，我国国有企业通过建设"一带一路"，对沿线国家投资规模和与沿线国家的贸易水平呈现快速增长趋势，这些都有利于我国对外构建新的合作网络。

新机遇四：全球经济制度变革利于增强我国话语权

全球经济新形势对传统全球经济制度安排提出新挑战，WTO改革呼声高涨，全球经济发展急需新的制度安排。新一轮全球经济制度变革为增强我国在世界经济领域的话语权创造了条件，也为国有企业在"走出去"的同时，增强中国企业话语权创造了新机遇。

第七章 国有企业与"一带一路"建设

作为国民经济发展的重要支柱,长期以来,国有企业一直是中国对外直接投资的核心力量,更是"一带一路"建设的主力军之一。在党的十九大提出将国企培育成"具有全球竞争力的世界一流企业"的新要求下,中国的国企加速"走出去"的步伐,对外投资活动更为频繁。[①] 党的十九大报告指出,"推动形成全面开放新格局","要以'一带一路'建设为重点,坚持引进来和走出去并重,遵循共商共建共享原则,加强创新能力开放合作,形成陆海内外联动、东西双向互济的开放格局"。这是以习近平同志为核心的党中央适应经济全球化新趋势、准确判断国际形势新变化、深刻把握国内改革发展新要求做出的重大战略部署。

[①] 连俊雅:《国企在国际投资调解中面临的挑战及法律应对》,《北京理工大学学报》(社会科学版)2021年第6期。

第一节　国有企业"走出去"战略实施现状

"走出去"战略是党中央、国务院根据经济全球化新形势和国民经济发展的内在需要做出的重大决策，是发展开放型经济、全面提升对外开放水平的重大举措，是实现我国经济社会长远发展、促进与世界各国共同发展的有效途径。"走出去"战略是与"引进来"战略相对应而言的，与"引进来"紧密结合，相互促进。广义的"走出去"战略包括货物与服务出口、劳务输出、国际融资、国际旅游以及对外投资等企业跨国经营的各个方面，狭义的"走出去"战略，是指企业以对外直接投资方式进入国际市场，参与国际竞争与合作，从而提高国际竞争力。

自2002年中国企业"走出去"战略提出以来，我国国有企业逐步走向国际市场，取得了诸多成就。数据显示，截至2019年12月，我国中央企业境外单位已有11000多家，总资产达到7.98万亿元，实现营业收入5.7万亿元，外籍员工占比达85%以上。[①] 目前，国有企业已成为国家经济、外交和文化走出去的重要载体。

[①] 《国资委：三方面发力推动国企更好"走出去"》，新华网，http://www.xinhuanet.com/fortune/2019－12/04/c_1125304770.htm。

一 直接对外投资

21世纪以来，中国对外投资经历了快速增长和近期回落的过程，投资产业和区域分布呈现出一定的规律和特征。

1. 国有企业已经成为当前中国企业进行海外投资的主导力量。进入21世纪以后，中国的对外直接投资（OFDI，Outward Foreign Direct Investment）流量规模迅速扩大，2016年首次超过FDI，成为中国企业"走出去"的重要方式之一。据统计，中国2020年对外直接投资流量达1537.1亿美元，同比增长12.3%，流量规模首次位居全球第一；存量达2.58万亿美元，仅次于美国（8.13万亿美元）和荷兰（3.8万亿美元），保持全球第三。中国在全球外国直接投资中的影响力不断扩大。投资覆盖全球189个国家和地区，截至2020年年底，中国超2.8万家境内投资者在全球189个国家（地区）设立对外直接投资企业4.5万家，全球80%以上国家（地区）都有中国的投资，年末境外企业资产总额7.9万亿美元。①

从中国对外投资的主体构成来看，国有企业在中国OFDI增长中发挥了重要作用。2020年年末，在对外非金融类直接投资23106亿美元存量中，国有企业占46.3%。2020年，中央企业和单位对外非金融类直接投资492亿美元，占非金融类流量的36.7%。其中，中央企业对外投资470.5亿美元，同比增长26.3%，地方企业848.5亿美元，同比下降5.4%，占

---

① 中华人民共和国商务部等编：《2020年度中国对外直接投资统计公报》，中国商务出版社2021年版，第5—32页。

63.3%。广东、上海、浙江位列2020年地方对外直接投资前三甲。① 根据中国企业联合会、中国企业家协会发布的《2020中国100大跨国公司分析报告》数据显示，以各大企业海外资产总金额为排行依据，我国Top100跨国公司中，国有及国有控股公司73家，其中中央企业38家。

从发展趋势来看，国有企业在"走出去"的早期发挥了不可估量的作用，中央企业对资金提供、项目建设和市场开拓起到了关键作用，在基础设施、能源资源、产能合作等领域的占比一直处于主导地位，同时也为民营企业海外市场开拓起到正向示范、正向促进作用。目前，国有企业和中央企业的占比呈现波动下降态势，分别从2005年的100%和93.8%下降至2018年最低时期的56.3%和50.5%，投资主体所有制构成更加多元化。

中国境外企业对东道国税收和就业贡献显著，对外投资双赢效果凸显。2020年境外企业向投资所在国缴纳的各种税金总额达445亿美元，雇用外方员工218.8万人，占境外企业员工总数的60.6%。对外投资带动出口1737亿美元，同比增长48.8%，占中国货物出口总值的6.7%，境外企业实现销售收入24028亿美元。2020年中国境外企业的经营情况良好，超七成企业盈利或持平。②

---

① 中华人民共和国商务部等编：《2020年度中国对外直接投资统计公报》，中国商务出版社2021年版，第5—32页。

② 中华人民共和国商务部等编：《2020年度中国对外直接投资统计公报》，中国商务出版社2021年版，第5—32页。

2. 对欧美等西方发达国家的投资力度越来越大。随着世界经济形势的快速变化特别是受到国际金融危机的影响，加之国有企业经营管理能力的提升，我国国有企业对外投资逐步由亚洲地区向西方发达国家转移；值得注意的是，受欧美发达国家对中国投资态度的转变和新冠肺炎疫情对全球产业链的冲击，中国对外投资发展明显受阻，不仅项目和金额总量出现下降，投资地区也呈现收缩趋势，投资区位呈现向东亚回归的趋势。2017 年之前，中国对外投资着力开拓欧洲和美国市场，欧美地区投资占比从 2005 年的 9.6% 上升为最高值时期的 48.7%，受政策导向、投资环境等因素影响，对非洲、西亚、南美、中东和北非地区的投资比重也曾达到 24.7%、37.4%、29.7%、21.3% 的阶段性高值。但从 2017 年后的发展趋势来看，中国对外投资回归东亚地区的趋势十分显著，2019 年和 2020 年这两年，东亚地区投资份额分别占到了 21.1% 和 34.7%，均超过欧美及其他地区的投资份额。[①]

3. 国有企业对外投资方式和投资领域不断丰富多样。随着对外投资规模、范围的不断扩大，我国国有企业对外投资不再局限于金融危机之前所关注的能源、金属及运输等领域，而是深入到股权置换、绿地投资、开创产业园等。虽然投资仍然以直接投资和跨国并购为主，但是已经广泛涉及房地产、农业、技术、物流、旅游、娱乐、金融、工业制造、租赁服务、批发

---

① 张原：《中国对外投资的特征、挑战与"双循环"发展战略应对》，《当代经济管理》2021 年第 7 期。

零售等多个领域。

二 海外并购

海外并购是海外兼并与收购的总称，是指一国企业为达到某种目标通过一定渠道与支付手段将另一国企业的所有资产或足以行使其运营活动的股份买下来，从而对另一国企业的经营、管理实施实际的或者完全的控制行为。

海外并购在国有企业对外直接投资中占有重要的战略地位，是企业获取战略资源与提升国际竞争力的重要途径。2019年，我国跨境并购交易数量较前一年略微增长至501笔，交易金额大幅下跌至421亿美元（2017年1804亿美元，2018年898亿美元），当年完成的跨境并购平均金额较小，大额交易较少。一方面是因为中国经济增速换挡期，外加国际不确定性上升，企业盈利增速有所放缓，对国际业务布局更加审慎；另一方面也是全球保护主义蔓延下我国企业在特定区域和行业跨境并购难度提升的表现。

从海外并购的区域分布来看，2019年明显由东南亚和北亚地区向北美和欧洲逆向转移。欧洲区域回升主要是由于大金额交易的驱动，而北美地区回暖主要是小额交易的数量驱动。此外，欧洲和北美地区由于2018年审核从严，很多原计划于2018年完成的交易延后至2019年实施。

当前国有企业海外并购策略更加清晰理性，制造业，租赁和商务服务业，信息传输、软件和信息技术服务业成为海外并购的重点，有向高新技术领域转移的明显趋势。对外投资的稳步增长与海外并购的持续活跃，都表明中国企业海外经验日益丰富。

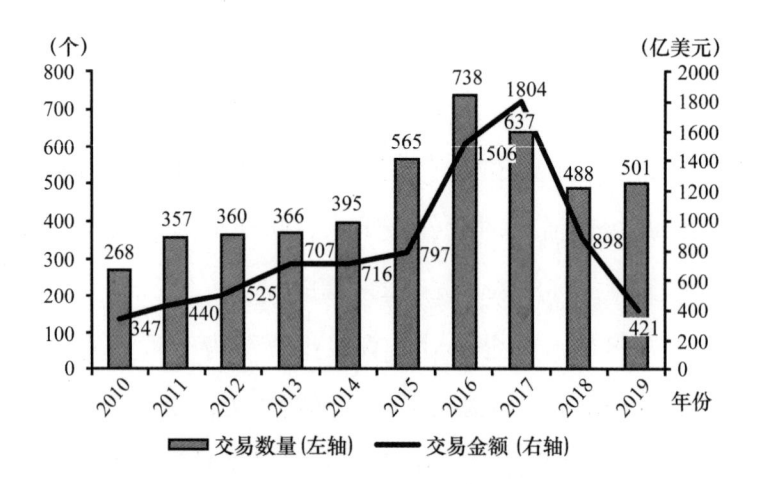

图 7-1 海外跨境并购数量及总金额趋势

资料来源：申万宏源（Dealogic）研究，http：//wap.hibor.com.cn/。

三 多边合作机制

现有多边合作机制主要包括中欧全面投资协定（CAI）、区域全面经济伙伴关系协定（RCEP）、上海合作组织（SCO）、中国—东盟全面战略伙伴关系、亚太经合组织（APEC）、东南亚国家联盟（ASEAN）全面与进步跨太平洋伙伴关系协定（CPTPP）、亚欧会议（ASEM）、亚洲合作对话（ACD）、亚信会议（CICA）、中阿合作论坛、中国—海合会战略对话、大湄公河次区域经济合作（GMS）、中亚区域经济合作（CAREC）等。2020年11月20日，习近平主席在亚太经合组织（APEC）第二十七次领导人非正式会议上发表讲话强调，将"积极考虑加入全面与进步跨太平洋伙伴关系协定（CPTPP）"，争取"早日建成亚太自由贸易区"。①

（一）中欧全面投资协定（CAI）

2020年12月30日，在历经7年35轮谈判之后，《中欧全面投资协定》（CAI，EU-China Comprehensive Agreement on Investment）谈判终于宣告完成。协定核心内容包括市场准入承诺、公平竞争规则、可持续发展和争端解决四个方面，其中知识产权保护被重点提及。相比于11月签订的RCEP（《区域全面经济伙伴关系协定》），CAI在市场开放和制度性规则两个维度更具显著意义。欧洲作为全球高价值资产的所在地，CAI的签订为中国资本投资欧洲打开一道大门。

（二）区域全面经济伙伴关系协定（RCEP）

面对新冠肺炎疫情下世界经济的持续低迷以及单边主义和贸易保护主义的抬头，2020年11月15日，中国与东盟十国、日本、韩国、澳大利亚、新西兰正式签署《区域全面经济伙伴关系协定》（RCEP，Regional Comprehensive Economic Partnership）标志着世界上人口数量最多、经贸规模最大的自由贸易区成功启动。除了为开放性世界经济和国际多边贸易体系提供支持，以亚洲国家为主体的RCEP的签署将对亚洲地区产生重要影响，为亚洲经济增长提供新动力，助力亚洲经贸一体化进程。

亚洲各国地理相近、人文相亲，本身就具有文化互联互通

---

① 《习近平在亚太经合组织第二十七次领导人非正式会议上的讲话》，人民出版社2020年版，第14页。

的优势，如中国、日本、越南、韩国、新加坡等国同属"儒家文化圈"，深受儒家文化影响，在文化上具有相近性。随着RCEP的正式签署，亚洲各国的经济和人文交流将更加紧密，亚洲命运共同体建设迎来新的历史契机。2019年亚洲文明对话大会开幕式上，习近平总书记提出要"夯实共建亚洲命运共同体、人类命运共同体的人文基础"，以"加深对彼此文化的理解和欣赏"。[①]

除RCEP外，涉及亚洲国家的现有多边合作机制还包括亚太经合组织、上海合作组织和东盟等，这些合作机制加强了国家间的互联互通，为构建亚洲命运共同体乃至人类命运共同体奠定了基础。虽然这些机制主要聚焦政治领域和经贸领域，同时也为亚洲各国深入的文化交流提供了有利条件。

（三）亚太经合组织（APEC）

自1989年成立以来，亚太经合组织（APEC, Asia-Pacific Economic Cooperation）作为亚太区内各地区之间促进经济成长、合作、贸易、投资的论坛，在推动区域贸易投资自由化、加强成员间经济技术合作等方面发挥了不可替代的作用，已经成为亚太地区层级最高、领域最广、最具影响力的经济合作机制。

2021年，习近平主席在亚太经合组织领导人非正式会议上说明"亚太成为全球最具增长活力和发展潜力的地区，始终位

[①] 习近平：《深化文明交流互鉴 共建亚洲命运共同体：在亚洲文明对话大会开幕式上的主旨演讲》，人民出版社2019年版，第5、7页。

于世界经济发展前沿",强调"中方愿同亚太各成员一道,积极推动构建亚太命运共同体,携手开创亚太经济合作新篇章"。[①]

(四) 上海合作组织(SCO, Shanghai Cooperation Organization)

上海合作组织(SCO),成立于2001年6月15日,是哈萨克斯坦共和国、中华人民共和国、吉尔吉斯斯坦、俄罗斯联邦、塔吉克斯坦共和国、乌兹别克斯坦共和国在中国上海宣布成立的永久性政府间国际组织。2021年6月15日,上海合作组织迎来成立20周年华诞,上合组织的经济总量接近20万亿美元,比成立之初增加了13倍多,对外贸易总额达到6.6万亿美元,比20年前增加了100倍。

(五) 东南亚国家联盟(ASEAN)

东南亚国家联盟(Association of Southeast Asian Nations)成立于1967年8月,包含印度尼西亚、马来西亚、菲律宾、泰国、新加坡等10个成员国。2020年是中国与东盟贸易逆势丰收的一年。中国海关总署日前发布的数据显示,2020年东盟取代欧盟跃升为中国最大货物贸易伙伴,这是东盟继2019年超过美国成为中国第二大贸易伙伴后实现的又一突破。中国则连续12年保持东盟第一大贸易伙伴地位。

(六) 全面与进步跨太平洋伙伴关系协定(CPTPP)

《全面与进步跨太平洋伙伴关系协定》(CPTPP)涵盖日本、加拿大、澳大利亚、智利、新西兰、新加坡、文莱、马来

[①] 习近平:《习近平在亚太经合组织第二十八次领导人非正式会议上的讲话》,人民出版社2021年版,第8、12页。

西亚、越南、墨西哥和秘鲁11国，于2018年12月30日正式生效，对促进亚太区域的商品、服务及技术、人才、资金、数据等要素自由流动和经济共同发展具有重要意义。

2020年11月20日，习近平主席在亚太经合组织（APEC）第二十七次领导人非正式会议上发表讲话强调，要"开启亚太合作新阶段，共同构建开放包容、创新增长、互联互通、合作共赢的亚太命运共同体，积极考虑加入全面与进步跨太平洋伙伴关系协定（CPTPP），争取早日建成亚太自由贸易区"。中国积极推动区域全面经济伙伴关系协定（RCEP）完成签署，积极考虑加入CPTPP等举措，是推动早日建成亚太自由贸易区的现实可行路径，体现了习近平总书记对世界大势客观、冷静、务实的判断和擘画。2021年3月5日，李克强总理在十三届全国人大四次会议上做政府工作报告再次强调，要积极考虑加入CPTPP，深化多双边和区域经济合作。研究加入CPTPP已经提上政府工作日程。2021年9月，我国正式提交申请加入CPT-PP。

第二节 国有企业推动共建"一带一路"高质量发展现状

"一带一路"是习近平总书记于2013年提出的"丝绸之路经济带"和"21世纪海上丝绸之路"的简称，致力于发展和沿线国家（地区）的合作关系，打造政治、经济、文化的利

第七章
国有企业与"一带一路"建设

益、命运、责任共同体。自提出以来,"一带一路"以共商共建共享为原则,携手越来越多的国家(地区)和国际组织积极推进"五通"建设,启动大批务实合作、造福民众的项目,在全球构建了全方位、复合型的互联互通伙伴关系。"一带一路"倡议让整个人类社会超越意识形态分歧、超越社会制度差异、超越地缘利益纷争、超越发展水平差异,是共谋发展进步的新方向和新路标。

作为我国对外经济合作的重要市场主体,国有企业在推动"一带一路"建设从"大写意"转向"工笔画"过程中发挥了积极作用,通过参与互联互通建设、提升国际合作水平、增进相互理解与信任,推动共建"一带一路"走深走实、造福人民。

一 推动共建"一带一路"走深走实

截至2020年1月,中国已同五大洲140个国家和31个国际组织签署205份共建"一带一路"合作文件。国有企业作为国家经济的核心和支柱,自然成为海外布局和推进"一带一路"建设的主力军。

1. 积极参与沿线国家建设,践行人类命运共同体。"一带一路"倡议提出以来,国有企业积极深入参与沿线国家(地区)基础设施互联互通、能源勘探开发、可再生能源开发利用、国际产能合作等领域合作项目,成为构建人类命运共同体、实现共赢共享理念的积极践行者。截至2019年12月,央企承担的"一带一路"重大工程项目高达3428个,包括基础设施建设、能源资源开发、国际产能合作等领域的一大批具有示范性和带动性的重大项目和标志性工程。这些项目在"一带一路"已开工和计划开工的基础设施项目中所占比重达到60%以上。① 国有企业成为推动"一带一路"共建从理念转化为行动、从愿景转变为现实的重要力量。

2. 秉持共商共建共享基本原则，领域不断拓展。习近平总书记在推进"一带一路"建设工作5周年座谈会上强调，共建"一带一路"是开放的合作平台，秉持的是共商共建共享的基本原则，是中国同世界共享机遇、共谋发展的阳光大道。国有企业秉持这一原则和理念，深入参与"一带一路"建设，进一步提升国际化经营水平、培育全球竞争力，帮助相关国家推进工业化、城镇化和现代化，与共建国家和企业共享机遇、共谋发展，投资成果具有普惠性，为发展中国家提供更多发展机遇和空间，有助于解决全球治理的发展赤字问题。近10年，"一带一路"共建国家（地区）整体平均投资安全指数由2010年的37上升至2019年的52，并呈现一定区域聚集特征。在我国国有企业的带领下，"一带一路"投资坚持多边合作，注重合作开放性，使得投资主体日趋多元，实现了多主体共同参与和互利共赢。

3. 努力增进与相关国家的理解与信任。习近平总书记指出，"一带一路"建设要以文明交流超越文明隔阂、文明互鉴超越文明冲突、文明共存超越文明优越，推动各国相互理解、相互尊重、相互信任。国有企业在参与"一带一路"建设中坚

---

① 《国资委：三方面发力推动国企更好"走出去"》，新华网，http://www.xinhuanet.com/fortune/2019-12/04/c_1125304770.htm。

持依法诚信经营，积极投身公益事业，① 在改善当地民生、推动协调发展、促进文化交流等方面发挥着积极作用。

以我国国有能源企业为例，我国国有能源企业通过能源贸易往来、能源项目合作以及技术、人才交流，为密切双边经贸关系及人文往来提供了丰富机遇，在消除能源贫困、提高能源利用效率、推进能源转型、环境保护等可持续发展方面也取得显著成效，稳步推进"一带一路"重大能源项目建设的过程中提升了企业品牌美誉度和影响力，也加深了沿线国家对"一带一路"倡议的信任度。

二　境外疫情防控得力，生产经营有序

2020年以来，面对复杂的国际形势特别是新冠肺炎疫情的冲击，中国与"一带一路"沿线国家（地区）守望相助、共克时艰，共建"一带一路"取得了新进展、新成效，一批重大项目进展平稳，尤其是"健康丝绸之路"和"数字丝绸之路"等项目建设成效明显。

新冠肺炎疫情期间，项目实施受所在国（地区）人员流动管控、设备物资运输受阻、生产经营活动停止等因素影响，国有企业海外项目受到影响。

面对这一变化，国资委成立了境外防控指导组，建立24小时值班制度，统筹指导央企加强境外疫情防控、有序开展生产经营。目前，大批"一带一路"境外项目和园区建设项目已

---

① 《国有企业推动共建一带一路走深走实》，《人民日报》2019年2月26日第9版。

经克服疫情稳步推进，雅万高铁、中老铁路等600多个项目顺利完工，多项重要节点工程开工或竣工。一批标志性项目促进了"一带一路"建设，截至2020年年底，中白工业园入园企业达68家，协议总投资额12.2亿美元；格鲁吉亚E60高速公路竣工通车。同时，沿线国家（地区）企业也看好中国发展机遇，在华新设企业4294家，直接投资82.7亿美元。

国有企业在全力做好境外疫情防控和复工复产攻坚战的前提下，计划继续与各国不断深化基础设施建设、产业、经贸、科技创新、公共卫生等领域的务实合作，为把"一带一路"打造成为合作之路、健康之路、复苏之路、增长之路做出更大贡献。

三 重视海外社会责任建设，影响力有所提升

近年来，中央企业作为各行业产业对外开放的排头兵，在国际化经营中主动服务大局，通过中央企业海外社会责任建设，不断实践创新，提升了企业品牌海外形象，进一步提升了国际影响力。

互惠互利方面，2020年《中央企业海外社会责任蓝皮书（2020）》显示，央企海外投资额、海外项目数、海外缴纳税费、本地化雇佣和本地化采购这五项海外经营指标均实现增长或持平。

生态保护方面，80%的央企参与到当地保护生态系统中；49%的央企积极减少海洋污染，特别是陆上活动的污染；46%的央企积极保护森林和植物种群，充分体现了企业积极建设清洁美丽世界的责任和担当。96%的央企在海外运营中未曾因环

境问题影响项目进度或导致项目终止。

沟通互联方面，央企通过海外社交账号等互动体系，定期与所在国媒体、投资者等利益相关方联系沟通，发布海外社会责任报告推动责任沟通，在东道国举办企业"开放日"活动等多种方式进行海外信息披露和责任沟通。为国有企业提升国际影响力开创"先河"，提供了许多宝贵的实践经验。

第三节 当前薄弱环节及原因分析

习近平总书记指出，我国对外开放进入引进来和走出去更加均衡的阶段，我国对外开放从早期引进来为主，转变为大进大出的新格局，但与之相应的法律、咨询、金融、人才、风险管控、安全保障等都难以满足现实需要，支撑高水平开放和大规模走出去的体制和力量仍显薄弱。[①]

一 国际影响力亟待加强

在复杂而激烈的国际市场竞争中，国有企业既要努力取得经济利益，更要承担国家形象建设、国际影响力传播的重任，目前我国国有企业在树立良好海外形象及提升综合国际影响力过程中，面对若干难解困局。

首先，是国有企业的国际影响力不足，与其"硬实力"不

---

① 《深入理解新发展理念》，人民网—中国共产党新闻网，http://theory.people.com.cn/n1/2018/0103/c416126-29743042.html。

匹配。在最新发布的 2021《财富》500 强排行榜中，共有 95 家国有企业上榜（49 家央企），彰显了国企力量。但在国际知名咨询公司 Brand Finance 公布的《2021 全球品牌价值 500 强》名单中，只包括了 18 家央企品牌和 28 家国企品牌。以同时登上两榜的几家央企为例，国家电网、中石油及中石化分列《财富》500 强第 2、4、5 位，但在全球品牌价值 500 强榜单中排名分别为 16、45、58 位（较 2020 年持平或下降）。相较企业规模，我国国有企业国际影响力仍处于提升阶段，有着长足的进步空间。另外对比榜单排名不难发现，大部分国有企业的国际影响力与其规模不匹配，国际影响力远落后于其"硬实力"。

其次，国有企业对"一带一路"贡献度与其国际信任度、美誉度不匹配。尽管受疫情严重冲击和世界经济衰退的影响，2021 年 1—6 月，我国企业在"一带一路"沿线对 55 个国家（地区）非金融类直接投资仍达到 620 亿元人民币，同比增长 8.6%，国有企业在助力"一带一路"沿线国家（地区）恢复经济方面取得了丰硕成果。然而，国有企业在世界上的信任度、美誉度和影响力远没有与其经济贡献度成正比。据清华大学国家形象传播研究中心联合发布的《2021 年爱德曼全球信任度调查中国报告》数据显示，全球受访者对总部在中国的企业信任度均值只有 36%。参与本次调研的 27 个国家（地区）中，有 22 个（81.5%）国家（地区）的受访者对总部在中国的企业信任度低于 50%。海外当地民众对中国企业形象的认知在很大程度上仍然依赖于当地媒体对我国企业形象的信息环境建构，中国企业在形象构建方面较为被动。初步检索中外媒体，对中国企业关于企业社会责任、环境责任等美誉类的报道很少。反之，海外媒体存在以中国企业破坏环境、侵夺市场为标题的批评类的报道。[①] 我国国有企业在海外市场打造信任度、美誉度依然是中国企业走向国际化的重要挑战。

此外，国有企业面临复杂严峻的国际传媒生态，目前应对负面舆情公关的时效、力度和成效不足。虽然"一带一路"沿线国家（地区）民众对中国企业整体上较为认可，但美国、加拿大等西方国家对中国国际传播机构进行打压，国际传媒生态更加复杂严峻，加上新冠肺炎疫情全球蔓延、沿线各国国情和文化差异较大等因素，国有企业的海外形象建设及国际影响力提升仍然面临巨大挑战。国际上各类负面舆论对"一带一路"建设的冲击应引起充分关注，个别国家媒体曲解"一带一路"中中国企业的贡献，甚至传播不实新闻。中国国有企业国际传播力量对此类负面舆情的研判和公关、对不实谣言辟谣的时效、力度及效果仍显不足。

二　跨境并购持续遇冷，国际投资仲裁面临困境

全球贸易保护主义和逆全球化趋势愈演愈烈、中美贸易摩擦不断升级、新冠肺炎疫情在全世界的大流行等原因，导致东道国引资需求下降，使国企与东道国间的投资争端呈现增加趋势。欧盟、英国、澳大利亚、加拿大、印度等为阻止中国国企收购因新冠肺炎疫情而估值下降的本国的关键资产和技术，近

[①] 《深入理解新发展理念》，人民网—中国共产党新闻网，http://theory.people.com.cn/n1/2018/0103/c416126-29743042.html。

两年密集出台限制外国投资的规定。例如英国于 2020 年 11 月 12 日公布了《国家安全与投资法案》，其中对"国家安全"的定义模糊且审查标准抽象。在涉及欧洲的并购交易中，以欧盟委员会为主的境外执法机构越来越多地发起反垄断审查，出现"经营者集中审查"现象。我国国企普遍由国资委持股，尽管欧盟委员会较少明确认定我国国企构成单一经济体，但"最坏情况假设"已成为欧盟委员会审理我国国企的常态。

可以预见，国企的境外投资合法权益因东道国的政治法律风险而遭受损失的事件将日益增多，国企将面临高发的国际投资争端。目前，投资仲裁是国企解决国际投资争端最主要的方式。然而，国企在国际投资仲裁中面临长时间、高金钱的投入和高败诉率的现实困境，面临国有资产流失的严重后果。因此，如何在遵循市场经济基本理念前提下推动国家战略实现，如何做好必要的制度完善与协调配合工作，是国有企业"走出去"迫切需要解决的问题。

三　国企海外经营面临复杂风险

我国企业"走出去"起步较晚，与发达国家相比在海外投资和经营的经验较少，国有企业在海外经营中面对各种政治和经济风险时也缺乏足够的应对办法，我国对外投资保护和管理机制有待于进一步完善。

近年来，国企国际化经营的战略重心已经从以欧美为代表的发达国家及经济体向"一带一路"区域转移。亚洲作为"一带一路"倡议的战略圆心及重要的利益攸关方，已经成为国企国际化经营的首选目标区域。与欧美等发达国家经济体相比,"一带一路"沿线国家(地区)在政治稳定性、经济市场化、制度定型化等方面存在较大的短板,因此国企在针对"一带一路"沿线国家(地区)国际化经营的过程中面临着较大的市场运作风险。另外,多数国有企业投资集中在传统产业,具有项目规模大、全球布点多、营业额高但投资成本高、技术易替代、国际议价能力低等"大而不强"的特征,由于委托—代理链条较长、预算软约束等问题长期存在,国有企业海外经营中激励机制不健全和经营效率低下等现象屡见不鲜。[1]

四 产权保护和管理机制

一方面,我国企业产权制和管理机制仍然处于发展完善阶段,国企产权归属不够明确是国有企业推进现代企业制度建设需要着力解决的重要问题。[2] 国有企业海外经营中的产权保护因国内产权制度规定的不清晰、国家海外投资保护和管理机制的不健全以及投资地政治、经济、法律和制度环境等因素,呈现出较为复杂的情势。

另一方面,我国企业在东道市场国的初期经营中面临诸多政策约束,这种约束更多体现在产权交易和保障方面,如我国企业在投资国开展的涉及产权变更的并购和重组行为在一些国家经常受到限制。需要尽快加强相关的制度和机制建设,为我国企业的海外投资和经营提供更为有效的产权安全保护。

---

[1] 张原:《中国对外投资的特征、挑战与"双循环"发展战略应对》,《当代经济管理》2021年第7期。
[2] 罗利勇:《中国企业"走出去"后面临的产权保护问题及应对之策》,《云南社会科学》2020年第1期。

国有企业产权归国家所有，无论其投资目的地在世界上的哪个区域，国家对国企的产权不容改变，故国企海外投资若要运用投资所在国法律维护产权权益，便需要其认可中国国企的产权归属。目前，中国与世界上一些国家和地区签订了双边投资保护协定、税收协定以及由中国参与和缔造的保护双边投资的国际公约，但该公约在一些国家和地区尚未全面覆盖，导致这些国家和地区的投资风险较高。比如，随着中国能源短缺问题凸显，为有效保障国家能源安全，中国的"三桶油"很早便开启了全球化的能源布局，但一些投资目的地国家未与中国建立成熟的产权保护法律对接机制，其投资面对的产权保护法律风险和维权难度依然很高。

第八章

完善国有企业"走出去"战略

在当前高度不确定的外部环境下,积极发展对外贸易对于破解国内经济面临的多重矛盾更加重要。[①] 国有企业"走出去",不能简单地进行单一的供应链、产业链的布局。一方面要在"一带一路"建设上进一步深耕,另一方面要利用博弈策略积极寻找、发展经贸合作伙伴,形成全方位、多层次、多元化的开放合作格局。其中存在四个重点问题,一是如何提升跨境经营水平,二是如何提升投资利润比,盘活海外资产;三是如何建立完善的风险防控体系;四是如何提升国有企业全球综合竞争力和影响力。本章将从这四个方面重点研究如何进一步完善国有企业"走出去"战略,不但要"走出去",更要"走深入""走得好",从而助力我国实现高水平对外开放。

---

① 杨英杰、张启迪、朱家祯:《新发展格局背景下推进高水平对外开放的若干建议》,《行政管理改革》2021年第1期。

第一节 明确后疫情时期国有企业"走出去"战略布局

一 立足亚洲地区基建投资优势，对接新兴市场投资需求

从近年来国有企业"走出去"的投资趋势中，能够看到回归亚洲地区是目前能够牢固把握的投资增长点。亚洲地区新兴市场对公路、铁路、港口、机场、建筑、水利、供电等传统基础设施投资需求巨大，尤其是随着这些国家工业化和城市化进程的加快，对互联网、电信、通信等"新基建"的需求不断提升。据亚洲开发银行（Asian Development Bank）2017年的估测，亚洲地区各经济体要达到世界平均水平，其基础设施投资需求在2030年之前都应保持每年1.7万亿美元的规模，总投资量将突破26万亿美元，然而当前实际投资规模仅为上述需求规模的一半。因此，立足亚洲地区投资，统筹国内外资源和市场，发挥地域邻近优势，发挥国有企业规模优势、技术优势、成本优势及产能优势，将成为谋求未来中长期"以内促外"的重要基础。

二 关注数字经济及绿色经济对外投资，带动国内实体经济

在国内经济稳内需稳增长和在海外投资拓展空间缩小的压力下，国有企业对外投资需要更加注重产业链的整体协同性及其对国内实体经济的促进和带动作用。与传统基础设施建设投资相比，高端装备智能制造、大数据、云计算、人工智能、机

第八章
完善国有企业"走出去"战略

器人、新一代电子信息、高端生物医药等产业为代表的数字经济新产业新业态与绿色经济产业和大规模技术创新密切关联，有助于推动国内生产力较快发展，有助于适应后疫情时代的消费习惯和就业方式的变革，有助于扩大内需并拉动国内经济增长，可以为我国经济中长期增长培育新动力。

数字经济方面，从短期和中长期投资布局来看，数字经济新产业新业态投资应有所侧重：从短期来看，人工智能、大数据、云计算等科技创新需要稳定安全的互联网基础设施，数字经济投资首先要为这类研究与开发活动提供可试验、可兼容、可运行的创新环境，因此短期应以5G为代表的通信网络建设等"数字新基建"项目作为投资重点；从中期来看，随着互联网基础设施的完善，以"互联网+"为特征的传统产业升级、工作及生活模式创新将成为主要增长点，基于网络分工的新型制造业生产模式，基于大数据中心构建的采购、销售、服务，基于大数据分析挖掘技术的智慧应用等数字经济应用平台建设，都将是中期数字经济投资的重点；而从长期来看，新一轮的科技革命不仅会深刻影响中国国内的生产和消费，也会重塑全球产业链和世界经济版图，为我国经济在某些领域实现弯道超车提供条件和可能性。国有企业在海外"数字新基建"、数字经济平台应用平台建设的基础之上，也需要积极延伸产业链，布局海外高端制造业、信息技术与生物工程、绿色产业融合等新产业，把握我国国有企业建设世界一流企业的新机遇，培育新形势下我国参与国际合作和竞争的新优势。

绿色经济方面，我国能源企业"走出去"历史虽较发达国家企业晚很多，但是已取得诸多成果，能源生产加速推进，清洁能源产业日益壮大，化石能源利用逐步清洁高效，能源发展更加绿色低碳。在新冠肺炎疫情席卷全球使世界经济陷入衰退、面对气候多变的压力之时，多国提出推行绿色复苏，纷纷提出碳中和目标。我国提出在2030年实现碳达峰、2060年实现碳中和的目标，在此目标驱动下我国将进入绿色发展新阶段，开启全面建设社会主义现代化国家新征程。

我国能源国企应主动调整海外能源投资战略，强化区域能效、可再生领域合作，因地制宜地推广水能、风能、太阳能、生物质能的开发利用，加强对外可再生能源扶贫工作，向化石能源资源贫乏而电力供应严重不足的国家推介和援建分布式风电、光伏、光热、地热能等可再生发电项目，建设零能耗、微能耗的教学楼、图书馆、博物馆等公共设施，同时加强与东南亚、南亚、东北亚地区大型风电、水电、光伏、核电、火电厂与主要电力负荷区的连接，促进区域电力跨境优化配置。

三　开拓发达国家市场，积极把握未来战略机遇

伴随国内经济增长及外汇资产的不断扩张，与发达国家的投资合作仍然是新时期对外开放不可或缺的内容。

国有企业可借助我国与发达国家之间现有和计划中的合作机制，如中欧全面投资协定（CAI）、区域全面经济伙伴关系协定（RCEP）以及全面与进步跨太平洋伙伴关系协定（CPTPP）等重要的双边和多边协定，重构与发达国家之间的投资伙伴关系，改善投资环境，提升投资质量。

另外，新冠肺炎疫情催生了远程医疗、在线教育、网络通

信、网购服务、物流快递、直播娱乐、居家休闲等新兴产业的成长和新旧产业的融合发展，由此派生的终端设备生产、通信网络建设、核心零部件制造、数字化平台搭建、运营推广服务等为中国与发达国家之间的高新技术领域投资合作拓展了巨大的市场空间。

第二节 提升国有企业跨境经营水平

国有企业要抓住"一带一路"建设带来的机遇，立足于目的国的实际需求，创新合作模式，重视提升国有企业自身的品牌服务、重视设备技术标准和管理工作共同进步、重视企业自身发展与为东道国带来经济、社会、生态利益相协调，进而构建优进优出的新格局，推动战略实施和经济持续发展。

一 科学规划国企国际化经营顶层设计

国企自身具有经济、社会与政治的三重属性，为谋求长期战略合作的可持续，其国际化经营战略的顶层设计应立足于科学谋划，寻求与东道国之间利益的平衡点，通过制定科学的战略规划完善绩效评价和追责机制，以合理地把握国企国际化经营的节奏、力度与次序。[①]

首先，国企的国际化经营战略的制定应契合东道国合作机

---

① 陈印辉：《"一带一路"视阈下国企国际化经营的制约因素及对策》，《中国商论》2018年第35期。

制的价值逻辑,作为新时代中国特色社会主义建设的重要经济主体,国企应基于宏观层面的政治经济现实性需求和微观层面的企业经营管理的实际表现,科学审慎地制定及实施国际化经营战略体系,凸显前瞻性战略预判的科学性、时效性与针对性,避免由于单纯的绩效导向所造成的"战略短视"短板。

其次,应进一步完善战略决策的事后评价与追责机制,持续强化针对国企国际化经营的责任监督,以制度与流程的双重维度科学监管国企非理性国际化经营行为。

二 加强自主创新,重视产权保护和合规经营

在积极引进发达国家先进技术的同时,加强国有企业的自主创新能力更为重要。首先,国有企业要把握全球技术发展趋势,以高质量及高科技附加值为目标,加强自主创新,强化创新驱动发展,将更多精力与资源投入到关键核心技术上,实现企业可持续的高质量发展。一方面,要利用新兴产业、高科技产业、智能产业带动各行业领域创新升级,深化数字经济的应用,培育创新集群,完善产业内部产学研一体化创新机制。另一方面,国有企业必须做好培育企业的创新文化、提升创新能力,同时也要建立容错机制,为创新保驾护航。

其次,加强对国有企业知识产权管理。国有高层管理人员应明确认识到知识产权保护是国有企业的基础性工作,要充分重视根据实际情况管理企业知识产权,落实国有企业知识产权管理的内容和细节,健全知识产权侵权惩罚性赔偿制度。

最后,重视合规经营,维护国有企业形象。国有企业要积极融入当地环境,充分关注东道国制度环境和文化差异,对东

道国进行充分准确的风险评估，在深入研究当地制度和文化环境的基础上做出慎重决策。

三 深入东道国嵌入，提升国际化经营效率

在新冠肺炎疫情的影响下，跨国产业链受阻导致国有企业海外利益受损严重，全球化深度分工造成的弊端逐步显现，本土化市场作用被进一步放大。[①] 部分在东道国本土市场经营深化的企业在疫情之中保证了供应的持续性，取得优势，使扩大市场份额成为可能，提高了企业绩效。因此，提升国际化经营效率的最有效途径是深入东道国嵌入，进一步深化本土化经营。国有企业落实互利共赢理念，坚持融入本地，打造利益共同体和发展共同体，不但有效提升了沿线国家的经济能力，亦有利于给国家营造良好的国际环境。

第一，要保证对东道国市场的适应性，以东道国市场的本土化发展为核心方向，以本土人才和本土资本为推手，实现本土化经营的高质高效。"走出去"的国有企业不仅要全面了解东道国环境，要在跨国经营中努力塑造公平氛围，维护各方利益并促进各利益相关者共同发展，提高公平竞争意识，为东道国客户提供优质的服务。

第二，在全球疫情出现反复的情况下，国有企业必须更加重视东道国本土化经营体系的作用，融入东道国本土化经营，保证各地海外分公司均能实现独立运作，收拢点状分散、面上

[①] 刘美霞、高中理：《目标国嵌入、本土化经营与跨境零售企业绩效——基于疫情影响的实证分析》，《商业经济研究》2021年第9期。

扩散的全球经营体系，转型至区域为主、功用齐备的分市场集群。

第三，在东道国市场实现全面本土化具有较大风险。尽管东道国嵌入和本土化经营能够降低新冠肺炎疫情的负面影响，我国国内市场的产品成本优势在长期内依然是重要趋势。因此，应该掌握好在东道国市场上本土化经营的"度"，即保证在东道国市场上设立的管理体系足以应对突发性公共卫生事件，实现危机过程中的持续运转，同时也要避免过度本土化带来的成本负担，保证母公司对分公司的掌控力，从而维持国有企业的核心竞争力。

第四，要促进企业内部的文化融合。"走出去"的国有企业要准确把握东道国的文化，尊重员工之间的个体差异，为员工营造安全、健康和相互尊重的工作环境，提升工作条件的安全性及舒适性，深入促进文化融合，促进民心相通，有效凝聚"走出去"的国有企业与东道国的发展共识。

第五，要培育国际化视野和全球化战略思维，保持开放学习的姿态，按照共商、共建、共享和互利共赢的原则推进国际化项目。在开放发展中履行企业社会责任，认真了解东道民众的需求，灵活处理遇到的各种问题，多关注当地社会的发展、民生的进步，不断提升企业在当地的影响力和竞争力，以实际行动践行人类命运共同体理念。

四 深化现代企业制度改革，夯实人才基础

《国企改革三年行动方案（2020—2022）》中明确要求国有企业需要在三年中落实完成八项重点工作，其中首要任务是

第八章
完善国有企业"走出去"战略

完善中国特色现代企业制度改革。现代企业制度是以市场经济为基础,以企业法人制度为主体,以公司制度为核心,以产权清晰、权责明确、政企分开、管理科学为条件的新型企业制度,股东会、董事会、经理层、监事会要各司其职、各负其责、协调运转、有效制衡。

国企"三会一层"现代企业制度需进一步完善,在国际化经营战略决策过程中需要系统地把握跨国经营决策的整体性与协同性。国有企业海外部门下一步改革深化的关键是通过完善具有中国特色的现代企业制度让企业机制活起来。首先,协调党组与"三会一层"关系,促进党对国企的领导与公司治理有效的渗透融合;其次,利用"三个清单"平衡"三会一层"内部关系;最后,坚持推行经理层任期制、契约化和职业经理人制度。从根本上来讲,就是要切实做好国有企业体制、机制与制度的改革和完善,不断强化企业的制度建设,以运转高效的法人治理结构增强国企决策的针对性和时效性。

随着知识经济时代的到来,国际化经济发展过程中人才因素日益占据主导地位,当前国企在国际化经营人才储备方面存在较大的缺口,优化企业决策机制培养国际化人才是国企国际化经营战略管理的重要支撑和保障。国有企业要加快国际化人才的开发和培养,积极引进人才,保障人才队伍的国际化水平,做好对企业员工的培训工作,在根本上解决"一带一路"共建背景下人才短缺的问题。国企应着力培养构建具有国际化视野与跨国经营实战经验的国际化专业管理人才与技术人才,从战略人力资源管理的角度来增强企业的核心竞争能力。以构建对党忠诚、清正廉洁、治企有方、兴企有为、勇于创新的国企国际化人才队伍为支撑，持续夯实国企机制基础与人才基础。

第三节 提升国有资产监管能力，促进海外利润回归

国有企业当前应以制度建设为基础，提升对外投资质量、加强海外投资规范化建设和运营，充分利用"一带一路"战略的机遇，有效降低以及管控投资和对外承包工程风险，促进国际产能合作，实现海外投资增长，提升资本监管能力，促进优质资本出海与利润回归。

近年来中国对外投资总量有所收缩，除了来自外部的压力之外，也与国内对资本外流监管的加强有关。2017年国家外汇管理局《关于进一步推进外汇管理改革完善真实合规性审核的通知》等在内的资本监管规定在打击非法资本外流、促进投资流程规范化的同时，也导致许多国资企业领导层对海外投资产生较大的担忧。对于难以达到预期经济回报的项目，投资决策者更加谨慎保守。对此，监管部门应对相关政策进行适当的解读，完善政策细节及行动方案的出台，同时出台支持优质资本出海和激励其利润回归的税收、结售汇等配套政策，在帮助海外投资企业管控风险的前提下，鼓励优势企业探索实践，积极推进海外投资的发展。

第四节　完善国有企业海外投资运营风险防控体系

近年来，国企作为"走出去"的主力军在海外的投资运营活动越来越多。随着中央企业的进一步国际化、全球化，境外国有资产规模还将进一步扩大。与此同时，随着境外国资总量的不断增加，国资流失风险也在不断增长。由于海外复杂的市场环境和当前监管的"鞭长莫及"等，急需强化对不当投融资行为引起国资损失情况的监管。[①] 为加强中央企业境外投资监督管理，推动中央企业提升国际化经营水平，2019年3月，国务院进一步修正了《中央企业境外投资监督管理办法》，该办法要求贯彻以管资本为主加强监管的原则，重点从"管投向、管程序、管回报、管风险"四个方面，依法建立信息对称、权责对等、运行规范、风险控制有力的中央企业境外投资监督管理体系，推动中央企业强化境外投资行为的全程全面监管。

精准化经营环评及风险控制预案。以"一带一路"沿线国家为代表的海外市场的政治、经济、社会等环境错综复杂、变化动荡，国企在"走出去"之前应系统地进行风险评估，科学构建多维的风险管控体系，应综合利用多元化的信息渠道与服

[①] 陈艳利、李升、宋京津等：《"走出去"的国企国资如何监管？》，《财政监督》2017年第9期。

务平台，针对国际化经营的东道国开展科学系统的经营环评及风险控制预案。国企应充分发挥其资金、信息及人力资源等方面的优势，积极与国际化经营东道国开展信息交流，以此为基础构建风险预警数据库，为国企布局海外市场提供战略决策信息基础，应综合运用多元化方式进一步分散跨国经营风险。

多元化国际经营争端解决渠道。国企应综合运用多元化的国际经营争端解决渠道，扎实保障国际化经营中的金融安全及运营安全，在此过程中不能仅依靠国际第三方机构的仲裁，应注意到《联合国关于调解所产生的国际和解协议公约》的生效给投资调解带来重大发展机遇，投资调解将成为投资仲裁的重要补充，为国企解决国际投资争端提供有效的替代性解决方法。国企在提高对投资调解的认知和接受的同时，应积极建立国企参与投资调解的科学评估制度，设立国企投资调解报告制度以及推动公正有效投资调解机制的构建。国企更需"未雨绸缪"，积极主动与东道国政府合作，通过多边战略合作框架协议规则来保障国企资本运作及企业经营安全，对东道国的失当行为进行有针对性的约束。

第五节 提升国有企业海外数字影响力

国有企业作为中国企业走向海外的排头兵和主力军，应当将提升海外影响力，互联网大数据时代，尤其应当将海外数字影响力提升至战略高度，加深融入国际环境，提升国际影响

第八章
完善国有企业"走出去"战略

力，进而培育国际驱动力、领导力，真正实现国内大循环与国际大循环相互促进。

构建数字影响力评价指标体系。"凡事预则立，不预则废"，全球数字化转型的背景下，应整合海外影响力相关指标，研究构建数字影响力评价指标体系，定量和定性相结合从全媒体矩阵覆盖率、主动传播率、内容优化创新、互动频度深度、传播有效性多维度综合评估国有企业海外数字影响力，并从短期、中期和长期战略阶段分别建立明确的目标矩阵，研究具体实施方案。在未来5—15年，力争建设美誉度信任度与贡献度相匹配，软实力与硬实力兼具的具有国际影响力的价值领先企业。

第一，全媒体矩阵覆盖率，除海外现有社交媒体平台之外，多语种官网建设、海外搜索引擎推广（Google、Bing等，包含搜索引擎营销SEM及搜索引擎优化SEO两部分）、其他社交媒体推广（Facebook、YouTube、Twitter、Instagram、LinkedIn、Snapchat）、视频媒体推广、论坛口碑推广举办或赞助大型活动、赞助或参与当地社区建设等新兴和传统营销方法，都是需要创新发展的方向，应纳入综合指标体系当中，尽可能地覆盖更多的互联网媒体。但不能简单叠加，而应秉持"资源融通，内容兼容，宣传互融及利益共融"的原则发挥集群效应，形成传播合力。

第二，主动传播率，国有企业应当将宣传投入的影响力传播价值最大化。应在拓宽优化媒体矩阵和非涉密的前提下，主动传播企业理念文化体系、业务进展等民众关心的内容，广泛连接受众加快传播速度，要对影响力范围及深度进行真实的数据化度量。针对负面舆情，应加强舆情风险监控意识，提升危机处理能力。应建立舆情实时监测制度，重视海外舆论动态，快速收集并分析舆论事态，及时恰当地回应舆论并积极反馈进程，高效维护国有企业形象的可信度。

第三，内容优化创新，在融媒体时代增强国企海外影响力，需要国企坚持以内容为核心，以技术为支撑，深入调研、优化舆论环境。首先，要适应本地政策和文化，以本地化表达方式准确传达交际意图，得到本地企业及民众的理解和积极认同，从而获得影响力。其次，要深入联系当地社区和群众，充分挖掘素材，讲述好国企故事，减少民众的恐惧和疏离，树立有担当有温度大国企业的积极形象，在展示实力的同时，以恰当生动的方式让国有企业的价值观、可靠性、高标准的道德规范得以有效的沟通传递。对中国主导的国际标准的推广和传播，也有助于协调当地产业合作，实现全球化协同。

第四，互动频度深度，对融媒体平台交互频度、线上线下结合互动频度进行量化统计、指标评价，进一步地利用大数据分析和挖掘技术及文本挖掘等人工智能手段，分析互动内容的主题、情感倾向等，对此进行指标评价，从而建立良好的互动反馈机制，有利于进一步优化传播内容及影响力建设。

第五，传播有效性，包括国有企业对东道国环境认知的有效性、东道国对国有企业理念认知的有效性、本地社会行为示范的有效性，以及民众对企业品牌的认可度、信任度和忠诚度等方面的评价，旨在以结果导向评价企业与当地形成战略共识

第八章
完善国有企业"走出去"战略

和被认同的程度。

国有企业自身建设方面,建议统筹对外合作、新闻传播、品牌管理及公关部门,建立专门的海外数字影响力管理团队,构建跨部门协调机制,协调各部门力量共同制订具有国别和本地化特征的数字影响力评价实施方案,成立危机公关和舆情监测处置部门,抢占危机事件的舆论主动权,快速制定措施提升危机公关水平。

国有企业对外合作方面,建议以开放态度与当地政府、非政府组织(NGO,Non-Governmental Organization)、所在国媒体、网络意见领袖及专家学者、其他利益相关方等进行常态化的交流探索,搭建好话语同盟,并积极发挥国有企业的带动效应,形成凝聚力量。

深入研究具有国别及本地特征的数字影响力评价实施方案。提升数字影响力,要走精准化、多元化的道路,应深入研究国别及本地特征,要密切关注各国战略动态与本地利益诉求,统筹协调各利益相关方,有针对性地找出企业理念文化与本地诉求间的有机结合点,从而提出具有国别及本地特征的数字影响力目标实施方案及措施建议。要做好"一带一路"故事与建设成果宣传,对国际上的不实报道,及时恰当地做好释疑辟谣工作。国有企业要开放、真诚地采用多种方式与多元主体加强交流,与各国各地区各行业深入沟通,进一步构建"团结互信、平等互利、包容互鉴、合作共赢"的价值认同。

第九章

国有企业推进高水平对外开放的实现途径

"一带一路"倡议提出以来,我国不断巩固和完善双边多边合作机制,积极参与国际机构改革进程,增强国际事务话语权。"一带一路"建设为国有企业发展带来了挑战,提供了广阔市场机遇,国有企业应在政策沟通、设施联通、商品流通、贸易畅通、资金融通、民心相通的理念支持下,充分利用沿线国家吸收外资的优惠政策,推动与沿线国家投资合作健康有序地发展,实现互利共赢。[①]

本章结合国有企业自身建设,研究在新发展格局下如何进行高质量风险可控的"一带一路"建设,研究在此过程中的技术创新推广、人民币国际化以及落后地区产业链深化等问题,研究如何在对外扩张市场的同时加强对内开放力度,"以内促

[①] 金靖宸:《中国制造业对外直接投资与东道国经济增长的关系——基于"一带一路"沿线国家的经验分析》,《财经问题研究》2021年第4期。

第九章
国有企业推进高水平对外开放的实现途径

外"创新合作。

第一节 推进高水平对外开放的路径选择

一 依托技术实力，推广多维度创新成果

国有企业在数十年的发展历程中积累了丰富的技术经验和雄厚的技术实力。"一带一路"经济合作过程中，国有企业要以技术实力为依托，在擅长的领域推动多维度自主创新，除了技术、装备制造、研发设计创新之外，生产管理理念、管理制度、商业模式思维、行业标准、品牌建设及合作模式的创新也在其列。

在推进多维度自主创新加快提升本土企业竞争力的同时，要培育以我国企业为主导的行业创新体系及国家价值链，促进优势企业利用创新、标准、专利等优势开展对外直接投资和海外并购，有效整合全球资源形成全球生产网络的治理能力，加快向具有国际竞争力的跨国公司转变。

例如，我国国有能源企业在煤炭清洁利用、油气勘探开发、核电、可再生能源、特高压输电等方面的技术已达到或接近国际先进水平。作为"一带一路"建设的重要主体，国有能源企业在参与"一带一路"沿线国家和地区的能源项目投资、建设与运营的过程中，充分发挥我国能源企业在能源技术与装备创新方面的优势，积极助力沿线发展中国家能源供给向高效、清洁、多元化方向加速转型，帮助"一带一路"沿线发展中国家提升能源开发利用技术水平。同时，也推动我国能源新技术新装备的推广应用与经验总结，进一步做好全球能源技术创新的引领者。

二 布局价值链体系，促进内外市场规则与标准相融合

在"一带一路"建设中，国有企业既要强化底线思维，坚持独立自主、自力更生，牢牢掌握产业链供应链安全的生命线，又要用好两个市场两种资源，吸引全球高端要素、先进技术和各类资源为我所用，深化和拓展与科技强国的产业技术合作交流，深度参与全球供应链，不断提升全球产业链控制力和主导能力，塑造以中国制造、中国创造为关键技术谱系的国际生产体系。[①]

疫情之下全球产业链出现一定程度松动，国有企业不仅要继续深化国际产能合作，而且更要在此基础上将其与国内价值链相互衔接，在沿线国家（地区）积极引入国内价值链上本土龙头企业的品牌和标准。

在经济全球化横向分工的区域化集聚趋势中，应以更加开放的理念和态度，基于"一带一路"建设加快布局"以我为主"的区域产业链体系。例如，在当前疫情仍然严峻的形势下，可将抗击疫情与"新基建"相结合，为沿线国家（地区）提供"抗疫"经验、必要的医疗服务和物资，在网络信息技术

---

① 盛朝迅：《新发展格局下推动产业链供应链安全稳定发展的思路与策略》，《改革》2021年第2期。

和医疗健康等基础设施领域提供援助和加强合作。

国有企业应更加积极地参与国际标准及贸易规则的制定和推广工作，依托技术优势和创新实践，加强国内外市场规则相融合，打破技术壁垒的限制。进一步推进与"一带一路"国家（地区）行业标准协同及贸易规则的互认、对接和合作，积极参与国际组织工作，深化国际交流与合作，增强国有企业在全球经济中的话语权和影响力。

三 创新合作模式，促进沿线国家产业升级

"一带一路"倡议的逻辑起点与实践方向在于凭借共商共建共享理念，促进多边国家之间的利益诉求最优。国资委及各级国有企业牢固树立和践行高质量发展理念，不断与沿线国家和企业加强沟通协作，努力谋求合作的最大公约数。近年来高质量开展重大项目合作、创新发展合作、第三方市场合作和民生合作等合作模式均取得重大成果。

今后，国有企业应进一步创新企业的合作模式，例如在东道国的合作导向从产品、劳务、资本输出转向具有战略优势的产业协同，以产业链升级、价值链重构等方式充分促进国企与当地企业差异化优势的渗透融合，达到促进沿线国家产业升级的目的。

从落地方式上，可采用建设一批高起点高标准产业园区，以产业园区为平台，转向产业链、价值链协同及"服务"输出。从合作内容上，一方面，在国际产能及制造业等传统领域加强合作，另一方面，在战略性、前瞻性产业和高科技领域开展更多务实合作，共同培育新产业新业态新模式，为持续发展

注入活力。第三方市场合作方面，要进一步扩大合作范围实现优势互补，多方共赢。在民生合作方面，国有企业在"一带一路"建设中更加注重帮助所在国提升自主发展能力，秉承"一带一路"中"以人为本"的理念，更加注重改善当地民生和就业，努力实施更多的雪中送炭、急对方之所急、能够让老百姓受益的民生工程，不断改善当地经济社会发展条件，充分考虑与照顾东道国的重大关切与利益诉求，增进民生福祉，筑牢夯实国企国际化经营的"民生基础"。

四 转变推进策略，加速人民币国际化

从 2018 年起，我国通过新的"三位一体"策略（人民币计价的原油期货交易、加快开放国内金融市场、鼓励"一带一路"沿线的人民币使用）推动人民币国际化。"三位一体"策略更加重视培育人民币的计价货币功能、更加重视向非居民投资者提供多样化的人民币金融产品、更加重视培育人民币的海外真实需求，使得未来的人民币国际化进程更加平稳与可持续。

目前，我国在"一带一路"区域扮演的重要角色是资金提供方与资本输出方的角色，"一带一路"建设为中国通过资本账户输出人民币提供了良好的机会，人民币已经对"一带一路"沿线的部分国家货币产生了"锚效应"，但整体上仍显著弱于美元与欧元。但未来有望在基础设施建设（在基础设施建设融资过程中使用人民币计价与结算）、大宗商品交易计价与电子商务交易计价这三个领域实现突破，要坚持区域化、周边化渐进的推进策略，注重人民币的市场化需求。

第九章
国有企业推进高水平对外开放的实现途径

在"一带一路"沿线更多地使用人民币来计价与结算,尤其是在开发性金融、中国企业对外直接投资等领域更多地使用人民币,有助于培育"一带一路"沿线对于人民币的真实需求。这种真实需求的强化既有助于增强把人民币作为计价货币与储备货币,也有助于降低汇率波动与国内外利差变化对人民币国际化进程的周期性冲击,也有助于把人民币的区域化战略与国际化战略相结合,让人民币国际化进程走得更加坚实、更可持续。此外,在"一带一路"沿线推进人民币国际化,也有助于促进货币国际化与"一带一路"倡议的良性互动。需要注意的是,人民币汇率的市场化改革仍需持续推进,并保持适度的资本管制,以稳定人民币汇率及其预期。

第二节 构建有效保障措施

一 全面构建数字影响力指标体系,确保国际影响力传播清楚、传播到位

应重视数字影响力评价指标体系的研究及建设,与外交部、海外媒体部门及专业科研机构对接,建立合作机制。

一方面,实时收集海外数字影响力数据,利用大数据技术,深度挖掘数字影响力的多维度内容,利用情感倾向分析等人工智能技术准确把握和综合评估国有企业海外数字影响力。另一方面,应加强统筹指导,利用数字影响力指标体系评价结果,制定相关工作的标准和指南,为企业海外社会责任和公共

外交活动提供专业支持，包括企业生产经营活动对业务所在地经济、环境和社会的影响，特别是对于劳工、环境、贫困等重大经济社会发展议题和国际社会普遍关心的议题，帮助企业把握传播规律，从而提高信息披露能力、公共关系能力和媒体运用能力，使得国有企业开展的企业社会责任活动被东道国公众知晓和认可，增进理解和互信，减少经营阻力。

应利用数字影响力指标体系的建立，抓住数字机遇，在数字和网络空间从增量变主流的过程中，借势提升国有企业海外数字影响力，树立优质海外形象，提高国有企业品牌认可度、信任度，向世界充分展示和平发展的中国形象。

二 成立"一带一路"协调推进机构，引领"双循环"新发展格局取得实效

应在"一带一路"引领"双循环"新发展格局中主动作为，成立"一带一路"区域协调推进机构，为"一带一路"沿线各国共同推动新发展格局提供坚强保障。"一带一路"协调推进机构不仅涉及相关法律法规的落实，还负责法律、贸易规则、行业标准的协同，以及一些经贸纠纷的协调和处理。

（一）加强政策沟通

通过成立"一带一路"协调推进机构，加强政府间政策沟通，是"一带一路"建设的重要保障。加强政府间合作，积极构建多层次政府间宏观政策沟通交流机制，深化利益融合，促进政治互信，达成合作新共识。在此协调平台上，沿线各国可以就经济发展战略和对策进行充分交流对接，共同制定推进区域合作的规划和措施，协商解决合作中的问题，共同为务实合

作及大型项目实施提供政策支持。

（二）建立常态化的沟通协调机制

要想更好地引导"一带一路"沿线各国（地区）参与到"一带一路"引领的新发展格局中，必须建立常态化的沟通协商机制，沟通协商机制应从官方到民间主体，形成从官方到民间的常态化沟通协商体系，为整体推进"一带一路"引领"双循环"新发展格局助力。

三　建立海外投资保护机构，提供法律、规则、标准协同服务

首先，要做好对国有企业国际发展的管理和监督工作，引导其规范地从事经营活动，科学制定和出台相关法律文件，为国有企业国际化经营提供制度保障。

其次，建议在"一带一路"协调推进机构中专设海外投资和保护的专门机构，为海外国有企业提供投资国（地区）的信息，并给予法律、贸易、金融、知识产权保护、行业标准推广及人才培训等方面的专业服务。

此外，应大力主导和参与国际贸易规则制定，并强化政府专业服务，为企业"走出去"保驾护航。建议注重参与国际贸易规则的制定，加强在规则议题上发出中国声音。

四　共建海外商业信息资源服务平台，促进投资贸易便利化

建议依托企业联合会或行业联盟组织，根据海外贸易企业实际需求共建海外商业信息资源服务平台，共享海外信息。通过信息池获得海外采购及招投标、海外产业园招商、海外投融资、海外动态风险提示等信息，建立定期分享商业信息的常态化运营机制，实现供需双方充分匹配。

参与共建的企业可以协同中资企业海外优势渠道和资源，融通属地化服务，降低企业供应链成本，结合自身优势服务能力和范畴向海外的中资企业提供属地化服务；也可以考虑价格和服务响应速度等降本增效因素，接受其他成熟中资企业的属地化服务。海外贸易企业在海外的物资及服务需求多种多样，其中海外仓储服务和解决当地售后服务的需求最为普遍。

海外商业信息资源服务平台对接"走出去"方面，可依托企业联合会或行业联盟进行，通过行业联盟组织线上线下的供需对接活动，例如举办"网交会"，或通过微信公众号、微信小程序、Facebook 等海外社交软件、LinkedIn 职业社交软件等第三方平台进行行业联盟的跨境活动联动。"引进来"方面，可以通过行业联盟组织联合采购，组团利用自贸港、综试区等政策优势，推动海外优质产品联合寻源，提高议价能力。在"引进来"的需求方面，除商品物资之外，也应关注先进技术的引进。

第三节 关于国有企业高水平对外开放的政策建议

一 寻求全球发展最大公约数，构建全方位对外开放新格局

要全面判断当前大国博弈与竞争的实质与内涵。习近平总

第九章
国有企业推进高水平对外开放的实现途径

书记构建人类命运共同体的理念要求我们以符合全球各国大多数人利益的方式，赢得各国的尊重与信服，从而构建有利于我国发展的国际经济环境。我们应该以有利、有理、有节的方式处理中美关系、中欧关系，妥善处理好中美贸易纠纷。[①]

同时要加快构建全方位对外开放新格局。目前，对外开放的沿海发达地区已经进入发展的新阶段，应该在创新发展、探寻经济发展新动能、探索创新发展新模式方面做出新的贡献，实现高水平开放。内陆地区要抓住产业转移和"一带一路"的发展机遇，积极推进边境贸易，与相关国家构建经济合作区，扩大内陆地区开放的程度和规模，打造新的经济增长点。在加大制造业开放、提升商品贸易质量的同时，应该加快国际服务贸易的发展步伐，实现高水平的服务业开放，扩大金融、教育、医疗等现代服务业的开放。

二 积极参与国际经济制度安排，完善多边合作机制

首先，积极参与国际经济制度安排。继续以非歧视、平等参与、维护发展中成员利益、协商一致为原则，倡导和参与WTO改革，使之在新时代焕发新的生机与活力，促进全球民众福祉，促进世界经济增长。同时，要在国际货币基金组织改革和世界银行体制变革中发挥更大的作用，为全球经济发展提供新的公共产品，完善全球经济制度安排，要积极参与区域性经济制度安排，加快RCEP等机制的落地，促进地区经济一

---

① 段炳德：《构建新发展格局的理论逻辑与政策建议》，《中国劳动关系学院学报》2021年第1期。

体化。

第二，完善多边合作，加强双边合作。当前，世界经济融合加速发展，区域合作方兴未艾，应积极利用现有双多边合作机制，与相关国家加强沟通，推动"一带一路"共建，促进区域合作蓬勃发展。

第三，加强双边合作，开展多层次、多渠道沟通磋商，推动双边关系全面发展。推动签署合作备忘录或合作规划，建设一批双边合作示范。建立完善双边联合工作机制，研究推进"一带一路"建设的实施方案、行动路线图。充分发挥现有联委会、混委会、协委会、指导委员会、管理委员会等双边机制作用，协调推动合作项目实施。

第四，继续发挥沿线各国区域、次区域相关国际论坛、展会以及博鳌亚洲论坛、中国—东盟博览会、中国—亚欧博览会、欧亚经济论坛、中国国际投资贸易洽谈会，以及中国—南亚博览会、中国—阿拉伯博览会、中国西部国际博览会、中国—俄罗斯博览会、前海合作论坛等平台的建设性作用。支持沿线国家（地区）挖掘"一带一路"历史文化遗产，联合举办专项投资、贸易和文化交流活动，办好丝绸之路（敦煌）国际文化博览会、丝绸之路国际电影节和图书展，充分发挥"一带一路"国际高峰论坛的带动作用。

三 精准设计制度体系，坚持分类施策与引导

首先，做好精准高效的制度设计，是确保一切方案顺利推进的坚强保障。必须加快构建"双循环"新发展格局中"以内促外"的制度体系，要加快"双循环"新发展格局中"以

第九章
国有企业推进高水平对外开放的实现途径

内促外"的顶层设计，通过吸收国内外相关专家形成专业团队，开展广泛的国际调研分析，借鉴国内外先进经验，制定符合中国特色社会主义发展理念的制度体系，对未来发展目标进行顶层设计及规划。这有利于国有企业基于"走出去"及"一带一路"共建，推进"双循环"新发展格局中"以内促外"的良好局面。

其次，在制定制度体系过程中，要注意聚焦企业所在地区与企业性质的差异，坚持原则性引导与分类施策。我国国有企业"走出去"及"一带一路"共建涉及市场、产业等各个微观领域，这些领域都要进行良好的政策制度设计，确保这一新发展格局能够向纵深推进、取得实效，如"一带一路"沿线产业价值链如何建构，如何在建构中更好地维护沿线各国（地区）经济权益、体现各国（地区）产业特色、贫困治理、绿色发展等，均应充分考量，进行政策设计。

四 深化市场改革，加强投融资支持

一方面，应进一步深化市场改革，通过分类施策和适度放宽审批、合理减税、适当补贴等方式降低企业运营成本。这有利于更大幅度地获得发达国家的技术转移或溢出效应。同时鼓励企业增加自主研发投入，激发制造业企业创新动力实现自主创新能力的提升和赶超。

另一方面，通过设立产业基金等形式扩大国有企业海外投融资规模，减少因为项目开发成本高、投资不确定性强、风险性强等限制因素，灵活设置产业基金投资，以基金投资条款作为保障和约束，为"一带一路"发展中国家的重大项目提供融

资支持,在风险可控的前提下扩大投资规模。

五 产业政策辅助,引导自主创新方向

一方面,应辅助相应政策引导企业创新迈向产业链中高端位置。在当前新旧动能转化、产业和区域结构均衡协调发展的阶段,应辅以相应的产业政策引导企业的生产技术转型以迈向产业链的中高端位置,这将增加国有企业从全球价值链参与中获得的技术学习效应,进一步提升国有企业的自主创新能力,为实现新时代高质量发展,实现全球价值链条上的不断攀升打好基础。[①]

另一方面,大数据、云计算、5G 和人工智能等为代表的新一轮信息通信技术迅猛发展,数字经济变革正深度改变生产生活的方方面面。目前,我国宽带网、移动互联网的普及率高、市场巨大,部分高科技公司具有较强竞争力。但是在底层核心技术方面还不够强,操作系统、半导体、存储等核心关键设备依赖国际供应链。因此,应对数字经济产业制定相应的扶持政策,加大研发投入,主攻薄弱环节,争取关键突破。

六 培养国际化人才,接轨企业迫切需求

要充分调动各级党委政府公务人员的积极性,完善高校、科研院所等人才培养体系;加大对教育的投入力度,巩固国民教育体系在人力资本积累中的关键地位,构建鼓励在职学习的体制机制。

[①] 郑妍妍、郭瑞琪:《全球价值链参与和中国企业的自主创新能力》,《贵州大学学报》(社会科学版)2021 年第 1 期。

相关部门应与企业在"一带一路"人才教育和培训领域密切接轨,实时更新人才培养需求和方案,为企业输送符合世界前沿技术领域需求的专业人才资源,进而提高企业的生产率水平和对先进技术的吸收能力。

参考文献

白洁、苏庆义：《CPTPP 的规则、影响及中国对策：基于和 TPP 对比的分析》，《国际经济评论》2019 年第 1 期。

北京师范大学经济与资源管理研究所（李晓西等）：《中国市场经济发展报告》，北京师范大学出版社 2010 年版。

陈劲、阳镇、朱子钦：《新型举国体制的理论逻辑、落地模式与应用场景》，《改革》2021 年第 5 期。

陈若鸿：《从效率优先到安全优先：美国关键产品全球供应链政策的转变》，《国际论坛》2021 年第 5 期。

陈艳利、李升、宋京津等：《"走出去"的国企国资如何监管？》，《财政监督》2017 年第 9 期。

陈印辉：《"一带一路"视阈下国企国际化经营的制约因素及对策》，《中国商论》2018 年第 35 期。

陈宗胜、吴浙、谢思全：《中国经济体制市场化进程研究》，上海人民出版社 1999 年版。

樊纲、王小鲁、张立文、朱恒鹏：《中国各地区市场化相对进程报告》，《经济研究》2003 年第 3 期。

高培勇：《构建新发展格局：在统筹发展和安全中前行》，《经济研究》2021 年第 3 期。

葛珺、葛顺奇、陈江滢：《疫情事件：从跨国公司全球价值链效率转向国家供应链安全》，《国际经济评论》2020 年第 4 期。

顾海兵：《中国经济市场化程度的最新估计与预测》，《管理世界》1997 年第 2 期。

贺俊：《从效率到安全：疫情冲击下的全球供应链调整及应对》，《学习与探索》2020 年第 5 期。

黄群慧：《管理腐败新特征与国有企业改革新阶段》，《中国工业经济》2006 年第 11 期。

黄群慧：《全球供应链、产业链与创新生态不容破坏》，《经济日报》2019 年 6 月 10 日。

黄群慧、张弛：《新发展阶段国有企业的核心使命与重大任务》，《国资报告》2021 年第 3 期。

江晓薇、宋红旭：《中国市场经济度的探索》，《管理世界》1995 年第 6 期。

金靖宸：《中国制造业对外直接投资与东道国经济增长的关系——基于"一带一路"沿线国家的经验分析》，《财经问题研究》2021 年第 4 期。

连俊雅：《国企在国际投资调解中面临的挑战及法律应对》，《北京理工大学学报》（社会科学版）2021 年第 6 期。

廖冠民、沈红波：《国有企业的政策性负担：动因、后果及治理》，《中国工业经济》2014 年第 6 期。

林盼：《新型举国体制如何落地：打造以国企为主导的创新平台》，《华东理工大学学报》（社会科学版）2021 年第 4 期。

林毅夫、蔡昉、李周：《现代企业制度的内涵与国有企业改革方向》，《经济研究》1997年第3期。

林毅夫、李志赟：《政策性负担、道德风险与预算软约束》，《经济研究》2004年第2期。

林毅夫、刘明兴、章奇：《政策性负担与企业的预算软约束：来自中国的实证研究》，《管理世界》2004年第8期。

林毅夫、刘培林：《自生能力和国企改革》，《经济研究》2001年第9期。

刘国光：《苏联东欧几国的经济理论和经济体制》，中国展望出版社1984年版，第185页。

刘瑞明、石磊：《国有企业的双重效率损失与经济增长》，《经济研究》2010第1期。

刘瑞明：《所有制结构、增长差异与地区差距：历史因素影响了增长轨迹吗？》，《经济研究》2011年第2期。

刘元春：《国有企业宏观效率论——理论及其验证》，《中国社会科学》2001年第5期。

卢中原、胡鞍钢：《市场化改革对我国经济运行的影响》，《经济研究》1993年第12期。

罗利勇：《中国企业"走出去"后面临的产权保护问题及应对之策》，《云南社会科学》2020年第1期。

钱学锋、王备：《中国企业的国际竞争力：历史演进与未来的政策选择》，《北京工商大学学报》（社会科学版）2020年第4期。

盛朝迅：《新发展格局下推动产业链供应链安全稳定发展的思路与策略》，《改革》2021年第2期。

苏庆义:《全球供应链安全与效率关系分析》,《国际政治科学》2021年第2期。

王磊、梁俊:《中国现代市场体系建设进程评价研究》,《经济纵横》2021年第2期。

王小鲁、樊纲、胡李鹏:《中国分省份市场化指数报告(2018)》,社会科学文献出版社2019年版。

吴延兵《国有企业的双重效率损失研究》,《经济研究》2012年第3期。

谢富胜、潘忆眉:《正确认识社会主义市场经济条件下的新型举国体制》,《马克思主义与现实》2020年第5期。

杨英杰、张启迪、朱家祯:《新发展格局背景下推进高水平对外开放的若干建议》,《行政管理改革》2021年第1期。

叶静怡、林佳、张鹏飞、曹思未:《中国国有企业的独特作用:基于知识溢出的视角》,《经济研究》2019年第6期。

叶青、李清均:《新型举国体制进路:经验证据、机理分析、路径优化》,《理论探讨》2021年第3期。

张平、刘霞辉、袁富华、付敏杰:《中国经济增长前沿Ⅲ:高质量增长与治理》,社会科学文献出版社2022年版。

张文魁、袁东明:《中国经济改革30年:国有企业卷》,重庆大学出版社2008年版。

张晓晶、李成、李育:《扭曲、赶超与可持续增长——对政府与市场关系的重新审视》,《经济研究》2018年第1期。

张原:《中国对外投资的特征、挑战与"双循环"发展战略应对》,《当代经济管理》2021年第7期。

张卓元：《中国经济改革的两条主线》，《中国社会科学》2018年第11期。

郑妍妍、郭瑞琪：《全球价值链参与和中国企业的自主创新能力》，《贵州大学学报》（社会科学版）2021年第1期。

周天勇、夏徐迁：《我国国有企业改革与发展30年》，载邹东涛主编《中国经济发展和体制改革报告 中国改革开放30年：1978—2008》，社会科学文献出版社2008年版。

Dic Lo, "State-Owned Enterprises in Chinese Economic Transformation: Institutional Functionality and Credibility in Alternative Perspectives", *Journal of Economic Issues*, 2020, 54 (3), pp. 813 – 837.

Hsieh Chang-Tai, and Song Zheng, "Grasp the Large, Let Go of the Small", *Brookings Papers in Economic Activity*, Spring 2015.

Lin Yifu, Cai Fang, and Li Zhou, "Competition, Policy Burdens, and State-owned Enterprise Reform", *American Economic Review*, 88, 1998, pp. 422 – 327.

Lin Yifu, and Tan Guofu, "Policy Burdens, Accountability and Soft Budget Constraint", *American Economic Review*, 1999, 89, pp. 426 – 431.

Lucas, R. E., "On the Mechanics of Economic Development", *Journal of Monetary Economics*, 1988, 22 (1), pp. 3 – 42.

后　记

　　本书为中国社会科学院国有经济研究智库2020—2021重点课题"国有企业在构建新发展格局中的作用研究"资助成果之一。

　　"国有企业在构建新发展格局中的作用研究"课题是由中国社会科学院经济研究所和国家能源投资集团共同承担。该课题邀请全国知名高校、科研单位的专家学者共同组成研究团队，围绕如何在构建新发展格局过程中更好发挥国有企业作用这一主题进行深入研究（课题组成员的名单附后）。

　　课题立项后，中国社会科学院经济研究所与国家能源投资集团等单位高效协作，积极组织推动课题各项工作，取得了丰硕的研究成果，一批学术论文发表在顶级研究期刊，多篇要报要参获得中央、部委等领导同志批示。在研究过程中，国家能源投资集团也组建了专门的研究团队，参与了课题研究工作，为课题顺利完成做出了积极贡献，这里特别表示感谢！

　　"国有企业与构建新发展格局"研究丛书作为本课题的重要成果，共分为五册，分别为总论卷《新发展格局下的国有企业使命》，卷一《理解新发展格局》，作为卷二的本书《国有企业与畅通经济双循环》，卷三《国有企业与建设现代产业体系》，卷四《国有企业与促进共同富裕》。本书各章初稿的具体执笔如下：第一章、第二章、第三章由中国社会科学院经济研究所付敏杰执笔，第四章、第五章由中国社会科学院经济研究所林盼执笔，第六章、第七章、第八章、第九章大连外国语大学祁瑞华、李珊珊执笔。本书的写作提纲、书稿审阅、修改和最终定稿由黄群慧和张弛共同完成，张弛在本课题和本书写作过程中承担了大量的组织协调工作。本书各章有些内容已以学术论文方式公开发表，特此说明。

附：课题组成员名单、国家能源集团参与课题研究成员名单

课题组成员名单

黄群慧　中国社会科学院经济研究所所长、研究员

张　弛　中国社会科学院经济研究所助理研究员

汤铎铎　中国社会科学院经济研究所研究员

赵伟洪　中国社会科学院经济研究所副研究员

续　继　中国社会科学院经济研究所助理研究员

郭冠清　中国社会科学院经济研究所研究员

胡家勇　中国社会科学院经济研究所研究员

陈　健　中国社会科学院经济研究所副研究员

杨耀武　中国社会科学院经济研究所副研究员

黄志刚　中国社会科学院经济研究所助理研究员

刘学梅　吉林财经大学副教授

孙永强　中央民族大学副教授

邓曲恒　中国社会科学院经济研究所研究员

刘洪愧　中国社会科学院经济研究所副研究员

王　琼　中国社会科学院经济研究所副研究员

倪红福　中国社会科学院经济研究所研究员

倪江飞　中国社会科学院经济研究所博士后

田　野　湘潭大学商学院博士研究生

王文斌　中国社会科学院大学经济学院硕士研究生

林　盼　中国社会科学院经济研究所副研究员

熊昌锟　中国社会科学院经济研究所副研究员

王　瑶　中国社会科学院经济研究所副研究员

李连波　中国社会科学院经济研究所副研究员

朱　妍　上海社会科学院社会学研究所副研究员

孙　明　同济大学社会学系主任、副教授

付敏杰　中国社会科学院经济研究所副研究员

陆江源　国家发改委宏观经济研究院经济研究所副研究员

侯燕磊　国家发改委宏观经济研究院经济研究所助理研究员

李　政　吉林大学中国国有经济研究中心主任

张炳雷　吉林大学中国国有经济研究中心副教授

白津夫　吉林大学中国国有经济研究中心专家委员会主任

宋冬林　吉林大学中国特色社会主义政治经济学研究中心

主任

刘　瑞　中国人民大学经济学院教授

赵儒煜　吉林大学东北亚学院教授

花秋玲　吉林大学经济学院教授

王　婷　吉林大学经济学院副教授

张东明　吉林大学中国国有经济研究中心副教授

杨思莹　吉林大学经济学院副教授

尹西明　北京理工大学军民融合发展研究中心副主任

张　旭　吉林大学经济学院博士后

王思霓　吉林大学经济学院博士研究生

陈　茜　吉林大学经济学院博士研究生

王一钦　吉林大学经济学院博士研究生

刘丰硕　吉林大学经济学院博士研究生

李善民　中山大学副校长、教授

申广军　中山大学岭南学院副教授

王彩萍　中山大学国际金融学院教授

徐　静　中山大学国际金融学院副教授

郑筱婷　暨南大学经济学院副教授

柳建华　中山大学岭南学院副教授

张　悦　中山大学国际金融学院助理教授

张一林　中山大学岭南学院副教授

姜彦君　中山大学高级金融研究院博士生

黄建烨　中山大学国际金融学院博士生

黄志宏　中山大学管理学院博士生

楠　玉　中国社会科学院经济研究所副研究员

贺　颖　中国社会科学院经济研究所助理研究员

祁瑞华　大连外国语大学语言智能研究中心教授

李琳瑛　大连外国语大学语言智能研究中心教授

梁艺多　大连外国语大学语言智能研究中心副教授

刘彩虹　大连外国语大学语言智能研究中心副教授

王　超　大连外国语大学语言智能研究中心副教授

李珊珊　大连外国语大学语言智能研究中心讲师

郭　旭　大连外国语大学语言智能研究中心讲师

于莹莹　大连外国语大学语言智能研究中心讲师

赵　静　大连外国语大学语言智能研究中心讲师

国家能源投资集团有限责任公司

刘国跃　国家能源投资集团有限责任公司董事、党组副书记、总经理

宋　畅　国家能源投资集团有限责任公司企管法律部主任

李永生　国家能源投资集团有限责任公司企管法律部副主任

苟慧智　国家能源投资集团有限责任公司综合管理部副主任

邵树峰　国家能源投资集团有限责任公司企管法律部改革处经理

王宏伟　国家能源投资集团有限责任公司企管法律部改革处副经理

史　辰　国家能源投资集团有限责任公司企管法律部改革

处高级主管

史卜涛　龙源（北京）风电工程设计咨询有限公司设计师

国电电力发展股份有限公司

耿　育　国电电力发展股份有限公司党委委员、副总经理

刘　全　国电电力发展股份有限公司总法律顾问、企业管理与法律事务部主任

祁学勇　国电电力发展股份有限公司综合管理部副主任

刘永峰　国电电力发展股份有限公司人力资源部副主任

马建信　国电电力发展股份有限公司专职董监事

杨春燕　国电电力发展股份有限公司企业管理与法律事务部高级主管

孙博格　国电电力发展股份有限公司综合管理部高级主管

袁祎昉　国电电力发展股份有限公司国际业务部副经理

张京艳　国电电力发展股份有限公司国际业务部高级主管

中共国家能源集团党校

周忠科　中共国家能源集团党校常务副校长

许　晖　中共国家能源集团党校副校长

孙　文　中共国家能源集团党校副校长

张忠友　中共国家能源集团党校党建研究部主任

郭水文　中共国家能源集团党校研究部高级研究员

国家能源集团技术经济研究院

孙宝东　国家能源集团技术经济研究院党委书记、董事长

王雪莲　国家能源集团技术经济研究院总经理、党委副书记

后 记

李俊彪　国家能源集团技术经济研究院党委委员、副总经理

毛亚林　国家能源集团技术经济研究院科研发展部主任

毕竞悦　国家能源集团技术经济研究院宏观政策研究部副主任

李　杨　国家能源集团技术经济研究院企业战略研究部高级主管

国家能源科技环保集团股份有限公司

陈冬青　科环集团党委书记、董事长

张晓东　科环集团党委委员、副总经理、工会主席

梁　超　科环集团朗新明公司党委书记、董事长

高权升　科环集团组织人事部（人力资源部）副主任

姜媛媛　科环集团科技管理部职员

栾　智　科环集团综合管理部（党委办公室）职员

中国神华煤制油化工有限公司

闫国春　中国神华煤制油化工有限公司党委书记、董事长

王淼森　中国神华煤制油化工有限公司工程管理部质量监督站站长

吴　江　中国神华煤制油化工有限公司企业管理与法律事务部副主任

曹伯楠　中国神华煤制油化工有限公司商务采购部副主任

李　艺　中国神华煤制油化工有限公司科技管理部副主任

国家能源集团物资有限公司

韩方运　国家能源集团物资有限公司一级业务总监

杨占兵　国家能源集团物资有限公司企业管理与法律事务部主任

张明惠　国家能源集团物资有限公司企业管理与法律事务部副主任

李　辉　国家能源集团物资有限公司组织人事部高级主管

严　蕊　国家能源集团物资有限公司企业管理与法律事务部职员

张兴华　国家能源集团物资有限公司企业管理与法律事务部职员